AF573249

Der Held

Fröhliche Wissenschaft 247

Baltasar Gracián

Der Held

Aus dem Spanischen
von Hannes Böhringer
und Carvajal Díaz

Mit einem Nachwort
von Hannes Böhringer

Matthes & Seitz Berlin

Inhalt

Widmung an Don Vincencio Juan de Lastanosa 7

Widmung an Don Bautista Brescia 9

An den Leser 11

1. Dass der Held Unergründlichkeit praktiziere 13

2. Den Willen chiffrieren 16

3. Die größte Gabe des Helden 19

4. Herz des Königs 23

5. Bedeutender Geschmack 26

6. Im Besten herausragen 30

7. Exzellenz des Ersten 34

8. Dass der Held Unternehmungen bevorzuge, die Beifall finden 37

9. Von der Hochkarätigkeit 40

10. Dass der Held sein Glück zu berechnen hat, bevor er etwas unternimmt 43

11. Dass der Held nachgebe und mit Hilfe des Glücks gewinne 46

12. Gunst bei den Leuten 49

13. Das gewisse Etwas 52

14. Von der angeborenen Herrschaft 55

15. Über die sublime Sympathie 57

16. Erneuerung der Größe 60

17. Jede Gabe ohne Affektiertheit 63

18. Nacheiferung von Ideen 65

19. Kritisches Paradox 68

20. Und hier das schönste Kronjuwel, der Phönix unter den Gaben eines Helden 70

Nachwort 73

Fünfundzwanzig Jahre später 81

Anmerkungen 91

Bibliographie 101

Widmung der ersten Ausgabe (1637) an Don Vincencio Juan de Lastanosa[1]

Es geschieht mir heute beim ersten Schritt des Gedankengangs, ja Sprung der Klugheit wie einem Lehrling im Menschsein, der sich in eines Menschen offene Arme wirft. Lehrling im Scharfsinn wende ich mich an den Meister nicht einmal mit einem Federstrich, sondern mit Gekritzel, damit Ihr es mit Eurem Scharfsinn und gutem Urteil straft und bessert. Dann erst hat es die Kühnheit, sich zu nennen: formgerechter Held, gebildeter Kluge, außergewöhnlicher Mann, Galan der Kultur, Verlobter der Wissbegier, für dessen Geschmack Natur und Kunst mit Hilfe von Wundern wettstreiten.

In dieser Kammer der Bildung und Seltenheit, wo nur ganz Vollkommene Einlass finden, verdiene eine Ecke zwischen so viel Kuriositäten auch diese des Scharfsinns – nach der Verbesserung Ihnen angemessen.

Unter den Vortrefflichkeiten kommt an erster Stelle die Wissbegier, damit jene nicht aus ihrer Gussform geraten. Seid Spiegel, Euer Gnaden, von einer so brillanten Qualität wie jener des Leuchtturms: ein modernes Weltwunder![2] Wissbegier ist Würze des Wissens, Anreiz des Scharfsinns. Und ohne sie läuft ein Mann Gefahr, sich mit den Ungebildeten zu verwechseln.

Es waren Euer Gnaden berühmte Vorfahren Kanzler der Könige von Aragón. Gekröntes Zeugnis sei ein Brief von König Don Pedro IV[3]. Eher fehlten Könige von ganz Aragonien als in Eurem adeligsten Hause von Lastanosa Meriten, ihnen zu dienen. Entbunden von königlichen Diensten nicht mangels Fähigkeit, sondern mangels Gelegenheit habt Ihr das Archiv der Könige umgewandelt in ein Pantheon von Helden auf Bildnissen, auf Münzen und in Geschichten.

Euer Gnaden ganzes Haus ist ein Nonplusultra des Geschmacks, Eure Bibliothek Sphäre des Scharfsinns, Euer Garten Elysium des Frühlings und alles zusammen Schauplatz der Skulptur, der Malerei, der Antike, der Kostbarkeit und des Ruhms. Und überdies goss über Gattin und Nachwuchs den Rest seiner Gnade der Himmel, der Euch beschütze.

Calatayud, August 1637

Widmung der zweiten Auflage (1639) an Don Bautista Brescia[4], apostolischer Pronotar und Doktor in beiden Rechten

Der Held, noch kleiner als ein Kind, macht Schritte in Eure – ich glaube, offenen – Arme, damit sie ihn aufnehmen. Nach meiner Bestimmung bekennt er mit Freude Verpflichtung und Dankbarkeit, aus eigener Neigung zeigt er sein gutes Wesen, das ihm der Autor mitgegeben hat. Obschon geschmückt mit so viel Perlen der Höflichkeit und Klugheit, Harmonie erreicht er erst, wenn er von Euer Gnaden mit letzter Hand vollkommen wird.

Als Held erbittet er unter Eurer Schirmherrschaft den Glanz der Brescias. Als Lehrling der Klugheit begehrt er, von ihrem Meister unterrichtet zu werden. Und um vollkommen zu werden in jeder Fakultät und Wissenschaft, trinkt er an der Brust der Doktrinen, die Euer Gnaden lehren. Solch eine Reife zeigt er im Versuch, groß zu sein. Der Held ist eine Königsfigur. Damit versichert er sich Eures Wohlwollens und bürgt für die Einlösung meines Anerbietens.

Pedro de Quesada[5]

An den Leser

Wie einzigartig wünsche ich Dich! Ich unternehme es, mit einem kleinen Buch einen großen Menschen zu formen und mit kurzen Sätzen unsterbliche Taten, einen größten Menschen, ein Wunder an Vollkommenheit. Und wenn schon nicht von Natur aus König, so doch seiner Gaben wegen, was noch besser ist.

Seneca machte ihn klug, Äsop listig, Homer kriegerisch, philosophisch Aristoteles, politisch Tacitus und höfisch der Graf.[6]

Indem ich einige Meisterstücke von solch großen Lehrern abschrieb, habe ich beabsichtigt, ihn als Helden zu entwerfen, als Wunder in jeder Hinsicht. Dafür habe ich diesen Handspiegel geschmiedet aus fremdem Kristall und eigenem Eisen.[7] Mal wird er Dir schmeicheln, mal Dir raten, mal wirst Du in ihm sehen, was Du schon bist oder was Du sein solltest.

Hier wirst Du nicht politisch, noch weniger ökonomisch eine Staatsraison Deiner selbst erhalten, sondern einen Schiffskompass für die Vortrefflichkeit, eine Kunst, berühmt zu sein, mit wenigen Klugheitsregeln.

Ich schreibe kurz, weil Du viel verstehst, und knapp, weil ich nur Weniges denke. Und ich möchte Dich auch nicht aufhalten weiterzugehen.

Erste Meisterschaft

Dass der Held Unergründlichkeit seiner Fähigkeiten praktiziere

Es sei die erste Gewandtheit in der Kunst der Weltklugheit, die Umgebung und ihre Ränke auszumessen. Großer Kunstgriff: sich der Kenntnis zur Schau zu stellen, aber nicht der Erkenntnis, die Erwartung zu füttern und nie gänzlich zu enttäuschen. Was viel ist, verspreche mehr, und die beste Tat lasse immer noch Hoffnungen auf Größeres.

Es vermeide der gebildete Mann, dass ihn alle bis auf den Grund ausloten, wenn er will, dass alle ihn verehren. Furchtbar war der Fluss, bis man eine Furt fand und verehrungswürdig ein Mann, solange man nicht die Grenzen seiner Fähigkeiten erkannt hatte, weil die unbekannte und vermutete Tiefe immer Vertrauen zusammen mit Scheu aufrechterhält.

Eigentum des Gebildeten war es, das Aufdecken als Beherrschen zu verstehen. Wechselseitig sichern sie sich den Sieg: Wer versteht, herrscht, und es weicht nie, wer sich zurückhält.

Es kämpft die Gewandtheit des auf Mäßigung Achtenden mit der Neugier des Aufmerksamen, der ihn erkennen will, da diese sich beim ersten Angriff verdoppelt.

Der Geschickte hört nie beim ersten Schlagabtausch auf, sondern pariert solange, bis er in die Vorderhand kommt. Vorteil eines unendlichen Wesens ist es, mit Unendlichkeit in der Hinterhand spielen zu können. Diese erste Regel für Größe gibt den Rat: wenn nicht unendlich sein, so doch scheinen. Keine gewöhnliche Geschicklichkeit.

So besehen wird keiner dem harten Paradox des Weisen von Mytilene den Beifall verweigern: Mehr ist die Hälfte als das Ganze.[8] Eine Hälfte von Schau und die andere von Beharrlichkeit ist mehr als ein offengelegtes Ganzes. Bejubelt wurde in dieser wie in allen übrigen Gewandtheiten jener große erste König der neuen Welt, der letzte von Aragón,[9] wenn nicht der vortrefflichste seiner heroischen Könige. Dieser katholische Herrscher beschäftigte alle seine immer aufmerksamen Mitkönige mehr mit den Gaben seines Geistes, welcher jeden Tag von Neuem glänzte, als mit den Kronen, die er trug.

Aber wen er, Strahlenmittelpunkt der Klugheit, großer Erneuerer der gotischen Monarchie, am meisten hinriss, war seine heroische Gemahlin, danach die Höflinge, feinsinnig im Ausspähen des neuen Königs, hellhörig im Ausloten seines Grundes und aufmerksam im Abwägen seiner Stärke. Aber wie vorsichtig hat Ferdinand diese sich nahekommen lassen und von sich abgehalten, wie behutsam gestand er sie sich zu und verweigerte sich ihnen! Und gewann sie am Ende.

Anwärter auf Ruhm, der Du nach Größe trachtest, hüte diese Meisterschaft: Dass alle Dich kennen, aber niemand Dich durchschaue! Mit diesem Kunstgriff wird das Mäßige viel, das Viele unendlich und das Unendliche noch mehr scheinen.

Zweite Meisterschaft

Den Willen chiffrieren

Laienhaft bliebe die Kunst, wenn sie Zurückhaltung in den geistigen Fähigkeiten diktierte und nicht zugleich Verstellung beföhle dem Drang der Leidenschaft.

Dieser Teil der Feinsinnigkeit ist so angesehen, dass auf ihm Tiberius und Ludwig[10] ihre ganze politische Maschinerie aufgebaut haben.

Wenn jedes Übermaß im Geheimnisvollen eines des geistigen Vermögens ist, dann bedeutet die Stärkung des Willens Souveränität. Schwächen des Willens sind Ohnmachtsanfälle des Ansehens. Wenn jene auftauchen, erlischt dieses gewöhnlich.

Die erste Anstrengung wird sie bekämpfen, verheimlichen die zweite. Jene hat mehr von Mut, diese mehr von Hinterlist.

Wer sich den Leidenschaften ergibt, sinkt vom Menschen zum Vieh. Wer sie verhehlt, wahrt wenigstens den Anschein von Ansehen.

Einzudringen in jeden fremden Willen, zeugt von eminentem Können, den eigenen zu verheimlichen aber bedeutet Überlegenheit.

Einen Affekt bei einem Manne zu entdecken,

heißt, eine Pforte in der Festung seiner Fähigkeit zu öffnen. Deshalb setzen politisch dort die Aufmerksamen an. Und meistens ist ihr Vorstoß erfolgreich. Die erkannten Affekte sind Ein- und Ausgänge eines Willens, mit Herrschaft über ihn zu jeder Stunde.

Die wüsten Heiden erträumten viele Götter mit nicht einmal der Hälfte von Alexanders Heldentaten und wehrten dem ruhmbekränzten Mazedonier die Anerkennung in der Menge der Gottheiten. Dem, der viel Welt besaß, wurde wenig Himmel zugewiesen. Woher ein solcher Mangel bei so viel Überfluss?

Verdunkelt wurde bei Alexander das Illustre seiner Taten vom Vulgären seiner Raserei. Und so viele Male triumphierend widerlegte er sich selbst, indem er sich dem gemeinen Affekt ergab. Es nützte ihm wenig, eine Welt zu erobern, da er das Vorrecht eines Fürsten verlor: das Ansehen.

Die Charybdis der Vortrefflichkeit ist das Übermaß an Wut und die Skylla[11] des Ansehens die Begierde ohne Maß.

Es achte der hervorragende Mann als Erstes darauf, seine Leidenschaften zu bekämpfen oder zumindest so geschickt zu verbergen, dass keine Gegenlist seinen Willen entziffern kann.

Diese Meisterschaft gibt darauf acht, klug zu sein, ohne es zu sein, und als nächsten Schritt jeden Fehler zu verhehlen, indem man die nach Unachtsamkeit Spähenden Lügen straft und die in der fremden Dunkelheit verborgenen Luchse blendet.

Jene katholische Amazone[12], derentwegen Spanien Zenobia, Tomyris, Semiramis und Penthesilea[13] nicht länger beneiden muss, konnte Orakel dieser Feinheiten sein. Über die naturgegebene Schicklichkeit wachend sperrte sie sich, um zu gebären, in die finsterste Kammer ein. Die angeborene Hoheit versiegelte die Seufzer in ihrer königlichen Brust, ohne dass sich ein Ach hören ließ, und warf einen Schleier der Dunkelheit über die Ausschweifungen ihres Gesichtsausdrucks. Wer sich in solch entschuldbaren Schwächen so verhielt, wie gewissenhaft wird er in Ohnmachtsanfällen des Ansehens gewesen sein!

Der Kardinal Madruzzo[14] stufte als dumm nicht den ein, dem eine Dummheit unterlief, sondern den, der, sie begangen, nicht bedeckte.

Erreichbar ist die Meisterschaft dem Mann bei Verschwiegenheit, bei einer durch Kunst veredelten Eigenschaft und Neigung, göttliche Gabe, wenn nicht durch Natur, so doch Ähnlichkeit.

Dritte Meisterschaft

Die größte Gabe eines Helden

Große Teile wollen sich zu einem großen Ganzen vereinigen, große Gaben zur Maschinerie eines Helden.

Am höchsten stufen die Leidenschaftlichen den Verstand als Ursprung jeder Größe ein. Und so wie sie als groß keinen Mann ohne Übermaß an Verstand anerkennen, so auch keinen übermäßig Verständigen ohne Größe.

Das Beste des Sichtbaren ist der Mensch und in ihm der Verstand. Daher sind seine Siege die größten.

Es kommt diese Hauptgabe zwei anderen gleich, dem Grund der Urteilskraft und der Höhe des Scharfsinns, ein Wunderwerk, wenn sie sich verbinden.

Hinlänglich hat die Philosophie zwei Potenzen im Verstehen und Erinnern aufgezeigt. Erlaube man der Politik mit noch größerer Berechtigung die Unterteilung in Urteilskraft und Witz, in Unterscheidungsvermögen und Scharfsinn.[15]

Allein diese Einteilung der Verstandeskräfte filtert die Wahrheit genau heraus. Sonst führt die Vervielfältigung von Geistesgaben zur Konfusion von Verstand und Willen.

Thron der Klugheit ist die Urteilskraft, der Witz die Sphäre des Scharfsinns. Welche Geistesgabe bedeutender, welche vorzuziehen ist, darüber streitet der Geschmack. Ich halte mich an die, welche ausrief: »Sohn, Gott gebe Dir Verstand von der *guten* Sorte!«

Tapferkeit, Schlagfertigkeit, Feinheit des Geistes: Sonne dieser chiffrierten Welt, ja Blitz, Ahnung von Göttlichkeit. Jedem Helden kommt ein Übermaß an Ingeniösem zu. Alexanders Sprüche sind Glanzlichter seiner Taten. Schlagfertig war Caesar im Denken wie im Handeln.

Überdies: Bei der Einschätzung wahrer Helden hat Augustinus augustus: erhaben mit acutus: gewitzt verwechselt. Und in dem Bekränzten, der Huesca hergab,[16] um Rom zu krönen, wetteiferte Standhaftigkeit mit Scharfsinn.

Die ingeniösen Schlagfertigkeiten sind so glücklich wie zufällig die willentlichen. Sie sind Flügel für die Größe, mit denen viele sich aus dem Staub glanzvoll zur Sonne erhoben.

Der Große Türke[17] hatte einmal die Gnade, sich von seinem Balkon dem Volke zu zeigen, eher in einem Garten als auf einem Platz, Gefängnis der Majestät, Fesseln der Schicklichkeit. Er begann, ein Papier zu lesen, das – zum Spott oder zur Enttäuschung der größten Souveränität – der Wind verwehte von den Augen ins Laub. Da stürzten die Pagen, ihm und einander nacheifernd die Treppe hinab auf Flügeln der Schmeichelei. Einer von ihnen, ein gewitzter Ganymed,[18] wusste, eine Abkürzung durch die Luft zu finden. Er sprang vom Balkon, flog, griff es und ging hoch, als die anderen herunterkamen. Und das war ein besonderes Hochkommen, ein Aufstieg, denn der Fürst, fürwahr geschmeichelt, erhob ihn in seiner Gunst.

Scharfsinn verdient Mitherrschaft, wenn nicht Herrschaft. In jeder Lage ist er der Joker aller Gaben, der große Künder des Ruhms. Je größer der Glanz, desto erhabener das Fundament.

Gekrönte Sentenzen sind gewöhnlich die Sprüche eines Königs. Große Schätze von Herrschern vergingen, aber es erhielten sich ihre Worte in den Schmuckkästen des Ruhms.

Vielen Kämpfern galt Scharfsinn manchmal mehr als das ganze Eisen ihrer bewaffneten Schwadron, denn der Preis eines guten Einfalls war ein Sieg.

Prüfung, Verkündung des größten Ansehens vom König der Weisen und Weisesten unter den Königen war die geistreiche Schlagfertigkeit in jenem äußersten Streit, der so weit ging, um die Söhne zu streiten.[19] Auch Witz verhilft der Gerechtigkeit zur Geltung.

Sogar unter Barbaren sitzt er zu Gericht und ist ihre Sonne. Mit der Schlagfertigkeit Salomos wetteifert die des Großen Türken: Es wollte ein Jude eine Unze Fleisch von einem Christen abschneiden, Strafe wegen Wucher. Er bestand darauf hartnäckig gegenüber dem Fürsten, treulos gegenüber seinem Gott. Der große Richter befahl, Waage und Messer zu bringen, und drohte, ihn köpfen zu lassen, falls er mehr oder weniger abschneide. Und das war ein scharfer Streich im Streit und der Welt ein Wunder an Scharfsinn.

Schlagfertigkeit ist Orakel in den größten Zweifeln, Sphinx in den Rätseln, goldener Faden in Labyrinthen. Und gewöhnlich hat der eine Löwennatur, welcher sich dieses Extrem für die größte Bedrängnis vorbehält.

Aber gleichwohl gibt es von Witz wie von Reichtum Verdorbene, verschwenderisch ausgestattet mit Scharfsinn, für sublime Beute Würgfalke, Adler für Elende. Bissig und satirisch sind sie, in Blut badend die Grausamen, die Satirischen in Gift. In ihnen siegt der Feinsinn leicht, aber seltsam verkehrt, denn er begräbt sie im Abgrund des Ärgernisses und der Verachtung.

Bis hier Gunst der Natur, ab hier Glanz der Kunst. Jene zeugt den Scharfsinn, diese nährt ihn entweder mit fremden Salzen oder durch vorsichtige Obacht.

Worte und Taten von anderen können fruchtbarer Samen des Scharfsinns sein, von denen befruchtet der Witz vermehrte Ernte an Schlagfertigkeit und Überfluss an Scharfsinnigkeiten einbringt.

Nicht spreche ich für die Urteilskraft, denn sie spricht für sich selbst genug.

Vierte Meisterschaft

Herz eines Königs

Großen Kopf haben die Philosophen, große Zunge die Redner, Brust die Athleten, Arme die Soldaten, Füße die Läufer, Schultern die Lastträger. Ein großes Herz die Könige. Ähnlich den Gottheiten Platons, die manche als Vorwand nehmen, zugunsten des Herzens einen Streit mit der Intelligenz anzufangen.

Was nützt es, wenn der Verstand vorausläuft, aber das Herz zurückbleibt? Süß stellt er sich den Einfall vor, den zum Glänzen zu bringen das Herz viel kostet.

Steril ist größtenteils die Subtilität eines Diskurses und schwächt sich gerade wegen ihrer Feinheit ab in der Ausführung.

Es kommen große Wirkungen aus einer großen Ursache hervor und wunderbare Heldentaten aus einem außergewöhnlichen Herzen. Riesig sind die Söhne eines großen Herzens. Es setzt immer Aufgaben gleicher Größe voraus und trachtet nach erstrangigen Angelegenheiten.

Groß war das des Alexanders und überhaupt das Erzherz, weil in eine seiner Kammern die ganze Welt leicht passte und Raum für sechs weitere Welten blieb.

Das größte hatte Caesar, denn es fand keine Mitte zwischen ganz und nichts.[20]

Das Herz ist Fortunas Magen, der seine Extreme gleichermaßen verdaut. Ein großer Bauch lässt sich von großen Bissen nicht in Verlegenheit bringen. Er wird nicht leicht durch Begierde verdorben und verbittert nicht durch Undankbarkeit. Die Übersättigung eines Zwerges ist der Hunger eines Riesen.

Jenes Wunder der Tapferkeit, der damalige Dauphin von Frankreich und spätere Karl VII., antwortete unerschütterlich auf den Urteilsspruch des höchsten Gerichts, mit dem die zwei Könige, der von Frankreich, sein Vater, und der von England, sein Gegner, ihn pressten, dass er von der Nachfolge auf den Thron der Lilien ausgeschlossen sei:[21] Er lege Berufung ein. Verwundert frugen sie, worauf er sich berufe. Und er: auf die Größe seines Herzens und die Spitze seines Schwertes. Und das galt. Es glänzt nicht so stolz der fast unsterbliche Diamant inmitten von gefräßigen Karfunkeln, wie inmitten von Gewalt und Gefahr ein erhabenes Herz sonnt[22] (wenn man so ein Tun der Sonne nennen kann).

Mit nur Vieren der Seinen brach der moderne Achill Karl Emanuel von Savoyen[23] mitten durch vierhundert gepanzerte Feinde und gewährte der allgemeinen Bewunderung Genugtuung, indem er sagte, es gebe keine bessere Kompanie in größter Bedrängnis als ein großes Herz.

Das Übermaß an Herz ersetzt den Mangel an allem anderen, indem es immer als Erster das Hindernis erreicht und siegt.

Dem König von Arabien wurde ein Damaszenerschwert gezeigt, Schmeichelei für jeden Krieger. Die Granden des Hofes lobten es, nicht aus Höflichkeit, sondern mit Grund. Und aufmerksam auf die Feinheit und Kunst hätten sie es sogar als Blitz aus Stahl gepriesen, hätte es nicht den Makel der Kürze gehabt. Der König befahl, den Fürsten zu rufen, damit er sein Urteil abgebe. Und der konnte es, weil er der berühmte Jakob Almansor[24] war. Er kam, untersuchte es und sagte, dass es eine Stadt wert sei, die eines Fürsten würdige Wertschätzung. Der König frug, ob er einen Mangel finde. Er antwortete, dass alles übermäßig sei. – Aber Fürst, alle diese Herren haben es als zu kurz verurteilt. Er darauf: Für einen mutigen Ritter gibt es keine kurze Waffe. Denn sobald er einen Schritt nach vorn macht, verlängert sie sich hinreichend, und was ihm an Stahl fehlt, ersetzt das Herz mit Mut.

Es kröne dieses Vorhaben die Hochherzigkeit bei Beleidigung, erhabene Insignie großer Herzen. Eine seltene, überaus exzellente Weise, über Feinde zu triumphieren, lehrte Hadrian,[25] als er dem größten von ihnen sagte: Du bist entkommen.

Es gibt keine vergleichbare Lobrede zu dem Spruch Ludwigs XII. von Frankreich: Nicht rächt der König die dem Herzog von Orléans zugefügten Beleidigungen.[26] – Das sind die Wunder des Herzens eines Helden.

Fünfte Meisterschaft

Bedeutender Geschmack

Jede gute Fähigkeit ist schlecht zufriedenzustellen. Es gibt eine Kultur des Geschmacks wie eine des Verstandes. Beide bedeutend sind sie Geschwister eines Bauches, Söhne der Fähigkeit, durch Vererbung gleichermaßen exzellent.

Erhabener Verstand hat nie gemeinen Geschmack erzeugt.

Es gibt unter den Vollkommenheiten Sonnen und Lichter. Der Adler umwirbt die Sonne, die Motte vergeht am Licht einer Kerze, und man misst die Höhe eines Vermögens am gehobenen Geschmack.

Es ist immerhin etwas, einen guten, viel aber ist es, einen bedeutenden Geschmack zu haben. Geschmäcker bilden sich in der Gesellschaft, und ein Glück ist es, auf jemanden zu stoßen, der ihn im höchsten Grade hat.

Viele halten leichtsinnig für Glückseligkeit – aber sie dürfte nur geliehen sein –, das zu genießen, was sie begehren, wobei sie die anderen zum Unglück verurteilen. Diese zahlen es mit gleicher Münze heim, weswegen man die eine Hälfte der Welt über die andere törichterweise lachen sieht.

Es bedeutet Qualität, einen kritischen Geschmack zu haben, einen Gaumen schwer zu befriedigen. Die kühnsten Dinge fürchten ihn, die verlässlichsten Vollkommenheiten zittern vor ihm.

Wertschätzung ist sehr kostbar, und es gehört zum Klugen, damit sparsam umzugehen. Jede Knappheit, was Beifall betrifft, ist edel, und umgekehrt verdient Hochachtung zu verschwenden als Strafe Verachtung. Bewunderung ist gewöhnlich Zeichen von Ignoranz. Sie entsteht nicht so sehr aus der Vollkommenheit der Gegenstände wie aus der Unvollkommenheit der Begriffe. Einzigartig sind Vollkommenheiten von erster Größe, selten sei darum die Wertschätzung.

Königsgeschmack hatte der Kluge unter den spanischen Philippen[27], immer umgeben von Kostbarkeiten, nur zum Außergewöhnlichen jeglicher Art hingezogen.

Es zeigte ein portugiesischer Händler ihm einen Stern der Erde, einen Diamanten aus dem Orient, Zeichen des Reichtums, Wunder an Glanz. Und als alle zwar nicht Bewunderung, aber doch Bedenken von Philipp erwarteten, vernahmen sie Geringschätzung, nicht weil der große Herrscher so sehr zu Unmäßigkeit und Ernst neigte, sondern weil ein immer an Wunder der Natur und Kunst gewöhnter Geschmack sich nicht so einfach ansprechen ließ. Welch eine Herausforderung für hochgesinnte Phantasie! – Herr, sagte der Händler, siebzigtausend Dukaten, die ich für diesen würdigen Enkel der Sonne hingelegt habe, sind nicht zu verachten. –

Philipp trieb ihn in die Enge und sagte: Was habt Ihr Euch dabei gedacht, als Ihr so viel zahltet? – Herr, wandte der Portugiese, der er war, ein: Ich dachte, es gebe einen König Philipp II. in der Welt. – Den Herrscher reizte eher die Schlagfertigkeit als die Kostbarkeit und befahl daraufhin, ihm den Diamanten zu bezahlen und den Spruch zu belohnen, wobei er die Überlegenheit seines Geschmacks in Preis und Belohnung bewies.

Einige meinen: Es tadele, wer nicht im Loben übertreibt. Ich würde sagen, dass ein Übermaß an Lob Mangel an Fähigkeit ist und dass, wer übermäßig lobt, sich selbst oder die anderen zum Besten hält.

Der Grieche Agesilaos[28] nahm niemanden zum Offizier, der des Enkelados[29] Schuhe einem Pygmäen anzog. Und was das Loben angeht, ist es eine Kunst, genau zu messen.

Es war die Welt voll von den Taten dessen, der Morgendämmerung der größten Sonne war, den Siegen des Don Hernando Alvarez von Toledo[30]. Und obwohl sie eine Welt erfüllten, seinen Geschmack beeinflussten sie nicht. Verwundert über den Grund, sagte er, in vierzig Jahren Siegen, wobei er ganz Europa zum Schlachtfeld hatte und als Wappen alle Unternehmen seiner Zeit, sei ihm dies alles nichts gewesen, da er nie vor sich ein türkisches Heer gesehen habe, wo der Sieg ein Triumph der Geschicklichkeit wäre und nicht der Überlegenheit, wo die Demütigung einer herausragenden Macht die Erfahrung und den Mut eines Heerführers verherrlichen würde. – So viel ist nötig, um den Geschmack eines Helden zu befriedigen.

Diese Meisterschaft lehrt den Gebildeten, kein Momos[31] zu sein, was unausstehlich übertrieben wäre, sondern der unbestechliche Zensor dessen, was gilt. Einige machen die Urteilskraft zum Sklaven des Affekts, indem sie die Ämter der Sonne und der Finsternis verkehren.

Es verdiene jede Sache die Wertschätzung, die ihr an sich zukommt, und nicht durch einen bestochenen Geschmack.

Nur eine große Kenntnis, begünstigt von einer großen Praxis, führt dazu, den Wert der Vollkommenheiten richtig einzuschätzen. Und wo der Kluge nicht einfach entscheiden kann, riskiere er nichts, halte sich zurück und verrate nicht den eigenen Mangel vor fremdem Übermaß.

Sechste Meisterschaft

Im Besten herausragen

Jede Vollkommenheit umfassen, kann allein das höchste Wesen, das, da es sich keinem anderen verdankt, keine Begrenzungen erleidet.

Von den Gaben schenkt die einen der Himmel, die anderen befreit der Fleiß. Weder eine noch zwei reichen aus, um eine Person hervorzuheben. Was der Himmel an natürlichen Gaben vorenthält, ersetze die Sorgfalt bei den erworbenen. Jene sind Töchter der Gnade, diese des löblichen Fleißes und deshalb nicht weniger edel.

Wenig ist nötig, um Individuum, viel, um universal zu sein. Und diese sind so selten, dass sie sich zwar nicht dem Begriff, wohl aber gewöhnlich der Realität verweigern.

Wer den Wert von vielen hat, ist mehr als nur einer, er ist große Exzellenz, intensive Singularität, Bezeichnung und Äquivalent einer ganzen Kategorie.

Nicht jede Kunst verdient Wertschätzung. Nicht jede Beschäftigung erlangt Ansehen. Alles zu wissen, wird nicht getadelt. Alles zu praktizieren, wäre Sünde gegen die Reputation.

Herauszuragen in einem bescheidenen Beruf,

heißt, groß im Kleinen zu sein, etwas im Nichts. In einem Mittelmaß zu bleiben, unterstützt die Universalität. Aber um zur wahren Vortrefflichkeit zu gelangen, mindert sie das Ansehen.

Sehr verschieden waren die beiden Philippe, der von Spanien und der von Mazedonien.[32] Der Erste wurde in allem bewundert, sogar mit dem Ruf, in seiner Klause zu singen. Und der Mazedonier erwartete von Alexander, im Stadion zu laufen. (Hatte jener die Genauigkeit eines Klugen, war dieser von unbekümmerter Größe.) Aber Alexander gab fast beleidigt zurück: im Wettkampf mit Königen vielleicht.[33]

Das Vergnügliche hat gewöhnlich weniger vom Heroischen.

Ein hervorragender Mann darf sich nicht auf die eine oder andere Vollkommenheit beschränken, sondern soll mit Ambitionen auf Unendlichkeit nach löblicher Universalität streben, wobei die Intensität der Kenntnisse der Exzellenz der Künste entsprechen soll.

Es genügt nicht irgendeine vage Erkenntnis, ein oberflächlicher Versuch, denn das zeugt eher von leerer Geschwätzigkeit als von grundlegender Integrität.

In allem herausragend zu sein, ist nicht das Geringste des Unmöglichen, nicht wegen Kürze der Ambition, sondern des Eifers, ja des Lebens. Die Übung ist das Mittel für die Vollendung in dem, was man treibt, und es fehlt im besten Fall die Zeit, aber noch eher die Lust in einer so weitläufigen Praxis.

Vieles Mittelmäßige reicht nicht aus, um eine Größe anzuhäufen, es genügt eine einzige Vortrefflichkeit zur Superiorität.

Es hat keinen Helden ohne Vortrefflichkeit in irgendetwas gegeben, denn das ist Zeichen der Größe. Und je bedeutender die Unternehmung, desto ruhmreicher die Anerkennung. Die Vortrefflichkeit gehört als vorzügliche Gabe zur Souveränität und verlangt die gleiche Verehrung.

Wenn schon das vortreffliche Führen eines Luftballons Bewunderung abverlangt, wie erst das eines Schwertes, einer Feder, eines Stabes, eines Zepters, einer Tiara?

Jener kastilische Mars, dessentwegen man sagte: »Kapitäne in Kastilien wie Könige in Aragón«, Don Diego Pérez de Vargas[34] mit mehr Großtaten als Tagen, zog sich, um sie zu beenden, nach Jerez de la Frontera zurück. Er zog sich zurück, nicht aber sein Ruhm, der sich jeden Tag weiter verbreitete im Welttheater. Von ihm angezogen, ging Alfonso, neuer König und alter Bewunderer einer Eminenz, vor allem in Waffen, verkleidet mit nur vier Rittern, ihn zu suchen.

Denn die Eminenz ist Magnet der Willen, Zaubertrank der Leidenschaft.

Es kam der König in Jerez an dessen Haus, aber er traf ihn nicht an, weil Vargas, ans Feld gewöhnt, sich die Zeit im Freien vertrieb mit seiner edlen Neigung. Der König, der die Mühe nicht gescheut hatte, vom Hof nach Jerez zu reisen, ritt von dort auch noch weiter bis zur Meierei. Sie entdeckten ihn von weitem, wie er mit einer Sichel in der Hand dabei war, Reben zu köpfen, mit größerer Mühe als vormals leben. Alfonso befahl den Seinen, Halt zu machen und sich zu verstecken. Er selbst saß ab vom Pferd und begann, mit herrlicher Galanterie die Weinreben aufzuheben, die Vargas achtlos umhieb. Zufällig wandte er sich um, aufmerksam auf ein Geräusch, das der König machte, oder – was noch wahrscheinlicher ist – aus einem treuen Antrieb seines Herzens. Als er seine Majestät erkannte, fiel er auf die Knie wie damals üblich und sagte: Herr, was tut Ihr hier? – Macht weiter, Vargas! sagte Alfonso, wie der Rebenschneider, so der Rebensammler.

Welch Triumph einer Eminenz!

Es strebe nach Vortrefflichkeit der seltene Mann mit der Gewissheit, dass die Mühen, die sie ihn kosten, mit Ruhm vergolten werden.

Denn nicht ohne Schicklichkeit weihten die Heiden dem Herkules den Ochsen im geheimen Wissen, dass die löbliche Mühe eine Saat von Heldentaten ist, die Ernte verspricht an Ruhm, Beifall und Unsterblichkeit.

Siebte Meisterschaft

Exzellenz des Ersten

Einige wären ein Phönix[35] gewesen in dem, was sie taten, wären andere nicht zuvorgekommen. Großer Vorteil: Erster zu sein, und wenn mit Vortrefflichkeit, doppelt. Bei Gleichheit gewinnt, wer als Erster gewinnt.

Als Nachahmer von Vorläufern gelten, die nachfolgen. So viel sie auch schwitzen, sie können den Verdacht der Nachahmung nicht abweisen.

Erheben sich die Ersten mit dem Erstgeburtsrecht des Ruhms, bleiben für die Zweiten nur schlechtbezahlte Renten.

Die neuigkeitssüchtigen Heiden hörten auf, die Erfinder der Künste zu schätzen, und gingen dazu über, sie zu verehren. Hochachtung verwandelte sich in Kult, ein gewöhnlicher Irrtum, der den Wert des Ersten übertreibt.

Der Preis besteht nicht darin, der Erste der Zeit nach zu sein, sondern in der Vortrefflichkeit.

Vielheit bringt sich selbst in Verruf, auch wenn sie hochkarätig ist. Und umgekehrt verteuert Seltenheit auch mäßige Vollendung.

Es ist dann besondere Geschicklichkeit, einen

neuen Pfad zur Exzellenz zu erfinden, einen modernen Kurs Richtung Berühmtheit zu entdecken. Vielfältig sind die Wege, die zur Singularität führen, nicht alle sind sie ausgetreten. Die neuesten, steilsten pflegen Abkürzungen zur Größe zu sein.

Salomon überließ das Kriegerische seinem Vater und verlegte sich klugerweise auf das Friedliche. Er änderte die Richtung und erreichte mit geringerer Schwierigkeit Heldenrang.

Tiberius wollte unbedingt durch Politik erreichen, was Augustus durch Hochherzigkeit gelang.

Und unser großer Philipp regierte vom Thron seiner Klugheit aus die ganze Welt zum Erstaunen aller Jahrhunderte. War der Kaiser, sein unbesiegter Vater, ein Wunder an Energie, so Philipp an Klugheit.[36]

Mit diesem Wink stiegen viele Sonnen der Kirche zum Zenit der Berühmtheit auf, die einen durch vorzügliche Heiligkeit, die anderen durch höchste Gelehrsamkeit, manche wegen ihrer Bauten und manche des Wissens wegen, Würde hervorzukehren.

Mit diesen Neuerungen haben sich die Klugen immer in das Register der Großen eingetragen.

Ohne die Kunst zu verlassen, weiß der Geist, das Gewöhnliche hinter sich zu lassen und in der ergrauten Profession einen neuen Schritt zur Vortrefflichkeit zu finden. Horaz überließ das Heroische dem Vergil und Martial, das Lyrische dem Horaz. Dem Komischen widmete sich Terenz, dem Satirischen Persius. Sie alle waren auf das Vergnügen aus, die Ersten in ihrer Gattung zu sein. Denn der kühne Einfall ergab sich nie der einfachen Nachahmung.

Es sah der andere galante Maler, dass Tizian, Raffael und andere ihn überholt hatten. Nach ihrem Tod hatte ihr Ruhm ein noch stärkeres Leben. Er nutzte seine Erfindungsgabe und begann, verwegen zu malen. Einige warfen ihm vor, er male nicht zart und weich, worin er Tizian nacheifern könne. Und er erwiderte galant, dass er lieber der Erste in dieser Grobheit sei als der Zweite in Feinheit.[37]

Es gelte dies Beispiel für alle Unterfangen, und jeder seltene Mann verstehe sich gut auf diesen Kunstgriff, in einer hervorragenden Neuerung einen ungewöhnlichen Kurs auf die Größe zu finden.

Achte Meisterschaft

Dass der Held Unternehmungen bevorzuge, die Beifall finden

Zwei Städte brachten zwei Helden hervor: Theben Herkules, Rom Cato.[38] Herkules war der Beifall des Erdkreises, Cato das Ärgernis Roms. Den einen bewunderten alle Völker, den anderen mieden die Römer.

Der Vorzug Catos gegenüber Herkules steht außer Frage, da jener diesen an Klugheit übertraf, wenn auch Herkules mehr Ruhm als Cato gewann.

Mühseliger und vortrefflicher war die Sache des Cato, da er sich vornahm, die Ungeheuer der Sitten zu zähmen und nicht wie Herkules die natürlichen, aber das Unterfangen des Thebaners trug den größeren Ruhm davon.

Der Unterschied bestand darin, dass Herkules genehme Heldentaten in Angriff nahm und Cato verhasste. Die Beifallsträchtigkeit des Einsatzes brachte dem Alkiden[39] Ruhm bis an die Enden der Welt und darüber hinaus, würden sie sich erweitern. Das Unangenehme der Aufgabe beschränkte den Cato auf das Innere der Mauern Roms.

Dennoch bevorzugen einige und nicht die Unvernünftigsten die vortreffliche Sache vor der beifallsträchtigen. Und ihnen gilt die Bewunderung von wenigen mehr als der Applaus von vielen, so sie gemein sind.

Wunder in den Augen Unwissender heißen beifallsträchtige Unternehmen.

Das Schwierige und Vortreffliche einer höheren Sache nehmen wenige wahr, aber Herausragende. Und diese Seltenen beglaubigen es. Die Leichtigkeit des Beifallsträchtigen bietet sich allen an, wird gemein. Und so ist die Zustimmung ebenso gewöhnlich wie allseitig.

Es siegt die Intensität von wenigen über die Vielzahl einer ganzen Volksmenge.

Aber Geschicklichkeit ist es, beifallsträchtige Aufgaben zu finden, und Zeichen von Klugheit, die allgemeine Aufmerksamkeit in plausiblen Angelegenheiten zu betören. So bekundet sich die Vortrefflichkeit vor allen, und deren Zustimmung befördert das Ansehen.

Man wäge im Mehr die Mehrheit ab. Es ist in solchen Heldentaten die Vortrefflichkeit greifbar und in ihrer Augenfälligkeit beifallswürdig. Die Vorzüglichen hingegen haben viel vom Metaphysischen und lassen die Berühmtheit bei den Meinungen.

Beifallsträchtige Unternehmungen nenne ich solche, die vor aller Augen ausgeführt werden und nach dem Geschmack aller, immer auf der Grundlage von Reputation, um jene auszuschließen, die ebenso unglaubwürdig wie angeberisch sind. Gut lebt der Komödiant vom Beifall und stirbt an ihm.

Vorzüglich in einer edlen Angelegenheit zu sein und im Welttheater hervorgehoben, heißt, erhabene Glaubwürdigkeit zu erlangen.

Welche Fürsten füllen die Kataloge des Ruhms, wenn nicht die Krieger? Ihnen verdankt man eigentlich den Beinamen der Großen. Sie füllen die Welt mit Beifall, die Jahrhunderte mit Ruhm, die Bücher mit Heldentaten, denn das Kriegerische findet mehr Anerkennung als das Friedliche.

Unter den Richtern werden die Gerechtigkeitsliebenden für die Unsterblichkeit ausgewählt, denn Gerechtigkeit ohne Grausamkeit wird vom Volk besser angenommen als unentschlossene Nachsicht.

In den Angelegenheiten des Geistes triumphierte immer die Glaubwürdigkeit. Das Liebliche einer glaubwürdigen Rede ergötzt die Seele und schmeichelt dem Ohr, während der trockene Begriff sie quält und verdrießt.

Neunte Meisterschaft

Von der Hochkarätigkeit

Ist es Verstand oder Glück, dass ein Held die vorzügliche Gabe in sich findet, das königliche Kennzeichen seiner Befähigung?

Bei den einen herrscht das Herz, bei den anderen der Kopf. Und es ist Zeichen von Torheit, mit Mut studieren oder mit Scharfsinn kämpfen zu wollen.

Es gebe sich der Pfau mit seinen Rädern zufrieden, der Adler schätze seinen Flug. Denn es wäre monströs, wenn der Strauß sich emporschwingen wollte zu einem beispielhaften Sturz. Trösten soll er sich mit dem Schneid seiner Federn.

Es gibt keinen Menschen, der nicht in irgendeiner Aufgabe Vortrefflichkeit erreichen könnte. Aber wir sehen nur so wenige vortrefflich werden, dass man sie selten nennt wegen ihrer Einzigartigkeit und Vollkommenheit; und wie der Phönix entgehen sie nie dem Zweifel.[40]

Niemand hält sich für unfähig zur größten Aufgabe. Aber was die Leidenschaft vorgaukelt, enttäuscht spät die Zeit.

Entschuldigt ist es, nicht im Mittelmaß hervorzuragen, um mittelmäßig im Hervorragenden zu sein.

Aber es gibt keine Entschuldigung für Mittelmaß im Niedrigsten, wenn man der Erste im Erhabenen sein könnte.

Obwohl Dichter lehrte jener die Wahrheit: Unternimm Du nichts, worin Minerva Dir widerspricht![41] – Nichts ist in der Tat schwieriger als die Enttäuschung der eigenen Fähigkeit.

Oh wenn es doch Spiegel für den Verstand gäbe wie für das Antlitz! Er muss es für sich selbst sein und verfälscht sich leicht. Jeder Richter seiner selbst findet von Leidenschaft bestochen sofort Ausreden und Ausflüchte.

Groß ist die Vielfalt der Neigungen – köstliches Wunder der Natur – ebenso groß wie die der Gesichter, Stimmen und Temperamente.

So viel Aufgaben wie Vorlieben. Den Gemeinsten und Niedrigsten mangelt es nicht an Begeisterten. Und was nicht von der mächtigen Voraussicht des klügsten Königs erreicht werden könnte, befördert die Neigung.

Wenn der Herrscher die mechanische Aufgabe zu verteilen hätte: Ihr werdet Bauer und Ihr Matrose! Er müsste vor dieser Unmöglichkeit sofort kapitulieren. Niemand wäre zufrieden, nicht einmal mit dem höchsten Amt. Aber heutzutage verliert sich die eigene Wahl noch für das Gemeinste.

So viel vermag die Neigung. Wenn sie sich mit den Kräften vereint, unterwirft sie alles. Aber gewöhnlich herrscht Zwist.

Der Kluge trage dafür Sorge, seinem eigenen Geschmack zu schmeicheln und ihn ohne despotische Gewalt zu gewinnen, um sich mit den Kräften zu messen. Und hat er einmal die vorzügliche Gabe erkannt, nutze er sie glücklich.

Nie hätte der großartige Marqués del Valle, Don Fernando Cortés[42], ein spanischer Alexander und indischer Caesar sein können, wenn er sich nicht seine Aufgabe überlegt hätte. Mit der Feder hätte er höchstens eine unterste Mittelmäßigkeit erreicht, mit den Waffen aber stieg er empor zum Gipfel der Eminenz. Denn er bildete ein Triumvirat mit Alexander und Caesar in der Aufteilung der Welteroberung.

Zehnte Meisterschaft

Dass der Held sein Glück zu berechnen hat, bevor er etwas unternimmt

Fortuna, ebenso viel genannt wie wenig bekannt, ist niemand anderes, um es klar und katholisch zu sagen, als jene große Mutter der Kontingenzen und große Tochter der allerhöchsten Vorsehung, ständige Beisitzerin in ihren Entscheidungsfällen mit dem Recht zu verlangen und zu erlauben.

Sie ist jene so souveräne, unerforschliche und unerbittliche Königin, einmal Mutter, einmal Stiefmutter, dem einen zulächelnd, spröde gegenüber dem anderen, nicht aus Neigung, sondern eher aufgrund ihres verborgenen, unzugänglichen Urteils.

Meisterregel der politischen Urteilskraft: sein Glück und das seiner Anhänger beobachtet zu haben. Wer Fortuna als Mutter erfuhr, nehme und nutze das Geschenk, und als Liebhaberin schmeichelt ihr Vertrauen.

Caesar fühlte den Puls seiner Fortuna, als er, um einen erschöpften Bootsmann aufzumuntern, sagte: Fürchte nicht, dass Du Caesars Schicksal beschwerst! Keinen sicheren Anker fand er als sein Glück. Der im Heck den Atem seiner Fortuna spürte, fürchtete keine widrigen Winde. Was macht es, ob es stürmt, wenn der Himmel heiter ist, ob das Meer heult, wenn die Sterne lachen?[43]

Vielen erschien ein Unternehmen verwegen, aber es war nur Geschicklichkeit, die Gunst der Stunde zu beachten. Andere dagegen versäumten die großen Gelegenheiten zum Ruhm, weil sie kein Gefühl für ihr Glück hatten. Selbst der blinde Spieler befragt das Glück beim Einsatz. Große Gabe: ein Mann mit Fortune sein und nach Meinung vieler ein Gewinner. Mehr als Pfunde von Wissenschaft und Zentner von Mut schätzen einige eine Unze Glück. Andere gründen im Gegenteil Ansehen auf Unglück und Melancholie. Glück, wiederholen sie, haben die Dummköpfe, Verdienste aber die Pechvögel.

Mit Gold ersetzt der schlaue Vater die Hässlichkeit seiner Tochter, und der Vollkommene vergoldet den Geist mit Glück.

Galen[44] wünschte sich seinen Arzt, Vegetius[45] seinen Heerführer und Aristoteles seinen Herrscher mit glücklicher Hand. So viel ist gewiss: Jeder Held hat Mut und Fortuna zum Paten, beides Achsen des Heldentums. Wer aber oft das Saure der Stiefmutter kostete, der reffe die Segel bei seinen Unternehmungen nicht störrisch, denn das Unglück ist gewöhnlich aus Blei.

Man verzeihe mir, wenn ich den Spruch des Sentenzen-Dichters stehle mit der Verpflichtung, ihn zum Rat für die Liebhaber der Klugheit wiederherzustellen: Tu und sag nichts, wenn Du das Glück gegen Dich hast![46]

Heutiger Benjamin des Glücks mit der Offenkundigkeit seines Glanzes ist der heldenhafte, unbesiegte, durchlauchtigste Kardinal Infant von Spanien, Don Fernando[47], der Name ein Wappen, Namenskrone so vieler Helden. Die ganze Welt bewunderte voller Genugtuung sein Glück und seinen Mut. Und Fortuna, die große Prinzessin, erklärte ihn zu ihrem Galan bei der ersten Gelegenheit, in jener für die Seinen so unsterblichen wie für seine Feinde tödlichen Schlacht von Nördlingen, bedachte ihn mit gesteigerter Aufmerksamkeit in Frankreich und Flandern und mit dem Rest all ihrer Gunst in Jerusalem. Zur politischen Meisterschaft gehört es, vom Glück Begünstigte und Vernachlässigte unterscheiden zu können, um im Wettstreit mit ihnen zu kämpfen oder zurückzuweichen.

Suleiman[48] kam, um die Macht in seiner Sphäre zu erhalten, dem großen Glück unseres katholischen Mars, Karls V., zuvor. Er fürchtete es, meinen andere, mehr als alle spanischen Truppen des Okzidents.

Rechtzeitig ließ er noch ab und behielt, zwar nicht den Ruf, da er sich zurückzog, aber die Krone.

Nicht so Franz I. von Frankreich,[49] der sein Glück nicht kennen wollte und das des Caesars, und deshalb als Delinquent der Klugheit zu Gefängnis verurteilt wurde.

Gewöhnlich werden Glück und Unglück durch Umgang übertragen. Der Kluge achte darauf, mit wem er verkehrt. Man wisse, bei diesem Triumphspiel mit Gewinn auszuspielen oder in der Hand zu halten.

Elfte Meisterschaft

Dass der Held nachgebe und mit Hilfe des Glücks gewinne

Alles, was beweglich und unstabil ist, unterliegt der Zu- und Abnahme, einem Zustand der Labilität, fügen andere hinzu.

Große Voraussicht ist es, der unfehlbaren Abweichung eines unruhigen Rades zuvorzukommen. Die Geschicklichkeit des Glücksspielers besteht darin, mit Gewinn aufzuhören, wo das Glück im Spiel ist und das Unglück so real.

Es ist besser, sich die Ehre zu nehmen, als die Rache der Fortuna abzuwarten, weil sie gewöhnlich viele Einsätze auf einen Schlag mitnimmt.

Einige bedauern gereizt, dass ihr an Zuverlässigkeit abgeht, was sie vom Weibe zu viel hat. Und der Marchese von Marignano fügte, um den Kaiser über Metz zu trösten, hinzu, dass sie nicht nur die Wankelmütigkeit einer Frau habe, sondern auch den Leichtsinn eines Mädchens für junge Burschen.[50]

Aber ich sage: Es sind nicht die leichtfertigen Unbeständigkeiten einer Frau, sondern Entscheidungen einer höchst gerechten Vorsehung.

So beweise sich der Kluge und ziehe sich ehrenvoll auf das Heilige zurück, denn ein schöner Rückzug ist so ruhmreich wie ein kühner Angriff.

Aber es gibt nach Glück süchtige, die nicht die Kraft haben, sich selbst zu besiegen, wenn Fortuna ihnen schmeichelt.

Ein erhabenes Beispiel dieser Meisterschaft sei der Majoratserbe des Schicksals und des Glücks, der größte Karl und Held. Mit klugem Ende krönte der ruhmreichste Kaiser alle seine Taten. Er triumphierte über den Erdkreis mit der Fortuna, und zuletzt triumphierte er über die Fortuna selbst. Er wusste aufzuhören und besiegelte so seine Heldentaten.[51]

Andere dagegen verloren das ganze Vermögen ihres Ruhms als Strafe für ihre Gier. Ein schreckliches Ende hatte große glückliche Anfänge. Hätten sie von diesem Kunstgriff Gebrauch gemacht, sie hätten ihr Ansehen bewahrt.

Ein ins Meer geworfener und im Bauch eines Fisches geborgener Ring hätte als Hochzeitsmünze die Unzertrennlichkeit zwischen Polykrates und Fortuna versichern können.

Aber kurz danach war der mykelische Berg tragischer Schauplatz der Scheidung.[52]

Es erblindete Belisar[53], um anderen die Augen zu öffnen; der Mond von Spanien[54] verfinsterte sich, um vielen Licht zu gewähren.

Es gibt keine Kunst, dem Glück den Puls zu fühlen, weil sein Humor anomal ist. Es warnen uns einige Zeichen der Abweichung.

Zu rasches Wohlergehen – die Glücksgüter überstürzen sich – war immer verdächtig, weil Fortuna zumeist von der Zeit abschneidet, was sie an Gunst anhäuft.

Altgewordenes Glück geht über in Hinfälligkeit, und Unglück an seinen äußersten Enden nähert sich der Besserung.

Der Maure Abul, Bruder des Königs von Granada, saß in Salobreña gefangen. Und um sein nicht zu bestreitendes Unglück zu widerlegen, begann er, Schach zu spielen, in sich eine Probe auf das Spiel der Fortuna. Da kam der Bote seines Todes, der uns immer zu schnell einholt. Abul bat um zwei Stunden Leben. Das erschien dem Gesandten zu viel, er erlaubte ihm nur, das begonnene Spiel zu beenden. Das Glück war ihm gnädig, und er gewann das Leben und sogar noch das Reich. Denn bevor er das Spiel beendet hatte, kam ein anderer Bote mit Leben und Krone, nach dem Tod des Königs von der Stadt Granada überreicht.

Ebenso viele stiegen vom Schafott zum Thron wie vom Thron zum Schafott herab. Man isst besser die guten Bissen des Glücks mit dem Süßsauren eines Zufalls.

Fortuna ist eine Korsarin, die darauf wartet, dass die Schiffe beladen sind. Es sei die Gegenlist, rechtzeitig im Hafen anzukommen.

Zwölfte Meisterschaft

Gunst bei den Leuten

Wenig ist es, den Verstand zu erobern, wenn man den Willen nicht gewinnt, und viel, mit der Bewunderung zugleich Zuneigung zu erweisen.

Viele mit ehrenwerten Unternehmungen behalten das Ansehen, nicht aber das Wohlwollen.

Diese universelle Grazie zu erlangen, bedarf eines guten Sterns und noch mehr eigenen Fleißes. Andere hingegen werden sich darüber den Kopf zerbrechen, wenn gleiche Verdienste unterschiedlichen Beifall finden.

Der eine magnetisiert die Willen, der andere beschwört sie. Ich werde immer den Kunstgriff vorziehen.

Es reichen nicht vorzügliche Gaben, um die Gunst der Leute zu gewinnen, obwohl man es vermutet. Einfach ist es, den Affekt zu gewinnen, wenn der Begriff bestochen ist, denn Wertschätzung lädt zur Zuneigung ein.

Glücklich nutzte die Mittel mehr für die allgemeine Gewogenheit als für die seines Königs jener unglücklich berühmte Herzog von Guise, den ein König durch seine Gunst groß machte und ein anderer durch Nacheiferung noch größer: Heinrich III. von Frankreich, unseliger Name für Fürsten in jeder Monarchie, da bei so hohen Subjekten sogar die Namen Orakel sind.[55]

Eines Tages frug der König sein Gefolge: Was hat Guise, das die Leute so bezaubert? – Es antwortete ein außergewöhnlicher Hofmann, einzigartig in diesen Zeiten: Sire, mit vollen Händen Gutes austeilen. Bei dem sein Wohlwollen nicht geradewegs ankommt, den erreicht er auf Umwegen, und wenn nicht mit Taten, dann mit Worten. Keine Hochzeit, die er nicht feierte, keine Taufe, bei der er nicht Pate stünde, keine Beerdigung, der er nicht Ehre erwiese. Er ist höfisch, menschlich, freigiebig, rechtschaffend gegenüber allen. Über niemanden lästert er. Kurz und gut: König im Affekt wie Eure Majestät im Effekt.

Glückliche Gunst, wenn sie sich mit der seines Königs verbrüderte. Denn es ist nicht ihr Wesen, sich auszuschließen, umso mehr, als Bajasid[56] hervorhebt, dass das Ansehen des Ministers den Argwohn des Vorgesetzten schürt.

Und wahrlich: die Gnade Gottes, des Königs und der Leute sind drei Grazien schöner als die, welche die Alten sich erdichteten.[57] Sie geben einander die Hand, eng verbunden alle drei, und sollte eine fehlen, dann in richtiger Reihenfolge.

Der stärkste Zaubertrank, um geliebt zu werden, ist zu lieben. Das Volk ist so begeistert zu folgen wie rasend im Verfolgen.

Die ersten Regungen ihres Gefolges sind nach

dem guten Ruf Höflichkeit und Edelmut. Mit ihnen gelangte Titus zu dem Namen »Entzücken der Welt«.[58]

Das Wohlwollen eines Vorgesetzten kommt der Wohltat eines Standesgenossen gleich, und die Höflichkeit eines Fürsten übertrifft das Geschenk eines Bürgers.

Für einen kurzen Augenblick vergaß der hochherzige Don Alfonso[59] seine Majestät und stieg vom Pferd, um einem Bauern zu helfen. So eroberte er die befestigten Mauern von Gaeta, die durch Bombardement über viele Tage nicht einmal eine Scharte davongetragen hatten. Zuerst kam er in die Herzen und dann mit Triumph in die Stadt.

Einige besonders kritische Geister finden bei den Großen unter den Heerführern und Riesen unter den Helden keine anderen Verdienste für ihre Vortrefflichkeit als allgemeines Wohlwollen.

Ich würde sagen: Unter der Vielfalt ihrer Gaben, jede einzelne verdienstvoll und angesehen, war diese äußerst glücklich.

Es gibt auch die Gunst der Historiker, begehrt aus Begierde nach Unsterblichkeit. Denn ihre Federn sind die des Ruhms. Sie beschreiben nicht die Vortrefflichkeiten der Natur, sondern die der Seele.

Jener Phönix Corvinus, Ungarns Ruhm,[60] pflegte zu sagen und noch besser danach zu handeln, dass die Größe eines Helden zweierlei bedeute: die Hand zu Heldentaten und zur Feder auszustrecken. Denn Schriftzeichen aus Gold binden die Ewigkeit.

Dreizehnte Meisterschaft

Das gewisse Etwas

Das gewisse Etwas[61], Seele jeder Gabe, Leben aller Vollkommenheit, Zierde der Taten, Anmut der Worte und Zauber jedes guten Geschmacks, beglückt den Geist und entzieht sich der Erklärung.

Glanz des Glanzes, Inbegriff der Schönheit. Die anderen Gaben schmücken die Natur, aber das gewisse Etwas überhöht die Gaben, sodass es die Vollendung der Vollkommenheit selbst ist: mit transzendenter Schönheit und universeller Grazie.

Es besteht in einer gewissen Anmut, in der unaussprechlichen Würde des Redens, Handelns, sogar Denkens.

Angeboren ist es und verdankt der Beobachtung nur wenig. Höher als jede Kunst hat es sich nie einer Vorschrift unterworfen.

Als Lockvogel des Geschmacks nannte man es Reiz, als Unmerkliches Anmut, als Schwereloses Heiterkeit, für seine Tapferkeit Schneid, in der Galanterie das gewisse Etwas, in seiner Leichtigkeit unbefangen. Der Wunsch und die Schwierigkeit, es zu erklären, haben ihm diese Namen gegeben.

Man beleidigt es, wenn man es mit Leichtfertigkeit verwechselt. Weit lässt es sie hinter sich und übertrifft Kühnheit. Wenn auch jedes gewisse Etwas Ungezwungenheit voraussetzt, fügt es dennoch Vollkommenheit hinzu.

Die Taten haben ihre Lucina.[62] Und ihr Gelingen verdankt man dem gewissen Etwas. Denn es verhilft ihnen bei ihrer Geburt zum Glanz.

Ohne es ist die beste Ausführung tot und die größte Vollkommenheit fad. Es ist auch nicht so unwesentlich, dass es nicht manchmal zur Hauptsache würde. Es dient nicht nur zum Schmuck, sondern stützt auch das Entscheidende.

Als Seele der Schönheit ist es Geist der Klugheit, als Atem der Anmut Lebenskraft.

In einem Führer tut sich das gewisse Etwas gleichrangig neben dem Mut hervor und in einem König neben der Klugheit.

Man verdankt am Tag der Schlacht nicht weniger einer gewissen Unerschrockenheit als der Geschicklichkeit und dem Mut. Das gewisse Etwas macht einen General zuerst zum Herrn seiner selbst und danach aller.

Lob reicht nicht aus, man kann die Umsicht und Aufgeräumtheit jenes großen Siegers über Könige nicht genug hochschätzen, des größten Rivalen Herkules', Don Fernando de Avalos. Der Beifall verkünde es laut im Theater von Pavia.[63]

Das gewisse Etwas ist so tapfer zu Pferd wie würdig unter dem Baldachin. Sogar auf dem Lehrstuhl gibt es dem Scharfsinn Schneid.

Heroisch war die Unbefangenheit jenes französischen Theseus, Heinrichs IV.[64], weil er am goldenen Faden des gewissen Etwas einem so verschlungenen Labyrinth zu entkommen wusste. Auch politisch ist das gewisse Etwas. Davon zeugt der Ausspruch jenes geistigen Weltherrschers: Gibt es eine andere Welt zu regieren?[65] –

Vierzehnte Meisterschaft

Von der angeborenen Herrschaft

Diese Meisterschaft beschäftigt sich mit einer so subtilen Gabe, dass sie in die Gefahr des Metaphysischen geriete, wenn nicht Neugier und Beobachtung für sie bürgten.

Es glänzt in einigen eine angeborene Herrschaft, eine geheime Macht, die sich ohne äußere Gebote, ohne Überredung Gehorsam verschafft.

Von Inselpiraten gefangen, war Caesar doch Herr über sie. Obwohl besiegt, befahl er ihnen, und sie, die Sieger, dienten ihm. Der Form nach war er gefangen, aber in Wirklichkeit souverän.[66]

Ein solcher Mann erreicht mit einer Geste mehr als andere mit all ihrer Anstrengung. Seine Gründe haben eine geheime Kraft, sodass er mehr durch Sympathie[67] als durch Vernunft erreicht.

Der stolzeste Geist macht sie sich zu eigen, ohne das Wie zu bemerken, und die unabhängigste Urteilskraft verfügt über sie.

Sie haben einen großen Vorsprung, Löwen der Menschheit zu werden, weil sie am Wesentlichen Anteil haben: Herrschaft.

Den Löwen anerkennen die anderen Tiere durch

Vorbedeutung der Natur. Und ohne seinen Mut erprobt zu haben, verbeugen sie sich vor ihm.

Daher bringen diesen Helden, Königen von Natur, die anderen Achtung entgegen, ohne die Tiefe ihrer Fähigkeiten versucht zu haben.

Das ist das Glanzstück der Krone. Und wenn die Vorzüglichkeit des Verstandes der Größe des Herzens entspricht, fehlt nichts zur Konstruktion eines erstrangigen politischen Körpers.

Man sah diese herrschaftliche Gabe auf dem Thron bei Don Hernando Alvarez von Toledo, Herr mehr durch Natur als durch Verdienst. Groß war er für das Größte geboren. Sogar beim Reden konnte er seiner natürlichen Herrschaft keinen Zwang antun.[68]

Weit entfernt ist sie von verlogener Bedeutsamkeit, geziertem Dünkel, Quintessenz des Abscheulichen, selbst dann noch ein Ärgernis, wenn diese Bedeutsamkeit angeboren ist.

Den größten Abstand aber hält sie zum Argwohn gegen sich selbst, zur Verdächtigung des eigenen Wertes. Wenn sie jedoch in Misstrauen versinkt, ergibt sie sich gänzlich der Verachtung.

Es war Catos Rat und die Geburt seiner Strenge, dass ein Mann sich achten und sogar fürchten muss.

Wer sein Eigenes nicht hütet, gibt anderen eine Erlaubnis und ergibt sich freiwillig dem Fremden.

Fünfzehnte Meisterschaft

Über die sublime Sympathie

Heldengabe ist es, Sympathie mit Helden zu haben. Es reicht, sie von der Sonne bestrahlen zu lassen, um eine Pflanze riesengroß zu machen und ihre Blüte zur Krone des Gartens.

Die Sympathie ist eins der versiegelten Wunder der Natur, ihre Wirkungen sind Gegenstand des Staunens, sind Anlass der Bewunderung.

Wenn Antipathie in der Scheidung der Willen besteht, dann Sympathie in der Verwandtschaft der Herzen.

Einige sehen ihren Ursprung in der Korrespondenz der Temperamente, andere in der Bruderschaft der Gestirne. Diese trachtet danach, Wunder zu vollbringen, jene Ungeheuerlichkeiten. Es sind die Wunder der Sympathie, welche die unwissende, gewöhnliche Allgemeinheit auf Hexerei und Zauberei zurückführt.

Die feinste Vollkommenheit konnte der Verachtung durch Antipathie anheimfallen und die gröbste Gemeinheit das Gefallen der Sympathie finden.

Sogar zwischen Vater und Söhnen erheben sie Anspruch auf Rechtsprechung. Und sie erweisen jeden Tag ihre Macht, indem sie Gesetze angreifen und natürliche wie politische Vorrechte scheitern lassen. Die Abneigung eines Vaters nimmt Königreiche, eine Zuneigung schenkt sie.

Sympathie erreicht alles. Sie überredet ohne Beredsamkeit, und sie bekommt alles, was sie will, allein dadurch, dass sie Eingaben natürlicher Harmonie vorweist.

Die erhabene Sympathie ist Stern und Zeichen des Heldentums, aber einige haben den Geschmack eines Magneten: Sie empfinden Antipathie gegenüber dem Diamanten und Sympathie mit dem Eisen. Widernatürlich ist es, Schlacke zu begehren und sich vor Glanz zu ekeln. Ludwig XI. war ein königliches Ungeheuer, das eher von Natur aus als mangels Kunst der Größe entbehrte und sich im Dreck der politischen Klasse verlor.

Großen Glanz hat die aktive Sympathie, wenn sie erhaben ist, noch größeren die passive, wenn heroisch. An Kostbarkeit übertrifft sie den großen Stein im Ring des Gyges[69] und die Ketten des Thebaners an Wirksamkeit. Leicht fällt die Neigung zu großen Menschen, doch selten herrscht Wechselwirkung. Es ruft bisweilen das Herz, ohne das Echo einer Antwort zu hören.

In der Schule der Liebe ist dies das Abc, wo die erste Lektion von Sympathie handelt. Geschickt sei der Kluge, die passive Sympathie zu erkennen und für sich zu gewinnen. Es nutze der Aufmerksame diesen natürlichen Zauber. Und Kunst vollende, was die Natur begann. Ebenso unklug wie misslungen ist es, hartnäckig ohne diese natürliche Gunst zu werben und Willen erobern zu wollen ohne diese Munition an Sympathie.

Die königliche Sympathie, Königin aller Gaben, geht über die Grenzen von Wundern hinaus, Sockel, auf dem das Denkmal der Unsterblichkeit über dem Säulenfuß des glücklichen Geschicks errichtet ist.

Manchmal ist diese erhabene Gabe geschwächt, weil der Atem der Gunst sie nicht erreicht. Weder zieht der Magnet das Eisen außerhalb seines Bereichs an, noch wirkt die Sympathie jenseits der Sphäre ihrer Ausstrahlung. Annäherung ist ihre wesentliche Bedingung, aber nicht Zudringlichkeit.

Achtung, Anwärter auf Heldentum: dass in dieser Meisterschaft eine prachtvolle Sonne aufgehe.

Sechzehnte Meisterschaft

Erneuerung der Größe

Die ersten Taten sind Qualitätsproben, sie geben Auskunft über Ruhm und Können.

Wunderbare Fortschritte können gewöhnliche Anfänge nicht adeln. Alle späteren Anstrengungen sind höchstens Flickwerk des Früheren.

Ein kühner Anfang verlangt viel Mut, außerdem legt er die Leiste für den Beifall höher.

Auf dem Gebiet des Ansehens bedeutet Verdacht bei den Anfängen bereits Verdammnis. Ist er erst eingetreten, verlässt ihn die Verachtung nie.

Es stehe ein Held mit dem Glanz der Sonne auf. Immer hat er große Unternehmungen anzustreben, in den Anfängen aber die größten. Eine gewöhnliche Sache kann nicht zu außerordentlichem Ansehen führen, wie auch ein Pygmäen-Unternehmen nicht riesige Geltung zu beanspruchen vermag.

Vorzügliche Anfänge verbürgen den Ruf, und die eines Helden müssen sich auf Ziele richten, die hundert Stadien höher liegen als die gewöhnlichen.

Sonne der Heerführer und Heldengeneral, der heroische Graf von Fuentes[70], von Geburt schon

Riese glanzvollen Schimmers, wurde für den Ruhm mit Kurs auf die Sonne geboren.

Seine erste Tat war schon das Nonplusultra eines Mars, er machte keine Lehrzeit des Ruhms, sondern bekundete bereits am ersten Tag Unsterblichkeit.

Gegen den Rat der meisten schloss er Cambrai ein. Denn er war außergewöhnlich in seiner Auffassungsgabe wie in seiner Kühnheit. Bevor er als Soldat berühmt wurde, war er es als Held.

Viel ist nötig, eine große Erwartung einzulösen. Anspruchsvoll ist der Beobachter, weil es ihn weniger kostet, Heldentaten auszudenken, als den, der handelt, sie zu verwirklichen.

Eine unverhoffte Heldentat der Erwartung zuvorkommend erscheint größer als ein Wunder.

Eine Zeder wächst in der ersten Morgenröte mehr als ein Ysop[71] in fünfzig Jahren, denn kräftige Anfänge versprechen Größe.

Groß sind die Folgerungen einer Regel im Vordersatz: die Gunst des Schicksals wird offensichtlich, die Reichweite der Fähigkeit, die allgemeine Zustimmung und Zuneigung.

Aber es reichen nicht stolze Anfänge, wenn die Fortschritte kraftlos sind. Es begann Nero[72] wie ein bewunderter Phönix und endete als verachtete Schlange.

Die Verbindung von unausgewogenen Extremen bedeutet Monstrosität.

Ansehen zu vermehren, ist so schwer, wie Ansehen zu begründen. Der Ruhm wird alt und der

Beifall hinfällig so wie alles andere, denn die Gesetze der Zeit kennen keine Ausnahme.

Sogar bei der Sonne, dem größten Glanz, entdecken die Philosophen Alterungen und ein Nachlassen im Scheinen.

Kunstgriff des Adlers wie des Phönix ist es, die Größe zu erneuern, den Ruhm aufzufrischen und für den Beifall noch einmal wiedergeboren zu werden.

Die Sonne ändert die Horizonte für ihren Glanz, sie wechselt die Schauplätze ihrer Herrlichkeit, damit ihr hier Abwesenheit und dort Erneuerung Bewunderung und Verlangen erhalten.

Die Caesaren kamen von der ruhmreichen Eroberung des Ostens nach Rom zurück und wurden jedes Mal aufs Neue als Herrscher wiedergeboren.

Indem der König der Metalle von einer Welt zur anderen wechselt, wechselt er von einem Extrem der Missachtung zu einem anderen der Hochschätzung.

Die größte Perfektion verliert durch Alltäglichkeit. Übersättigung verdrießt die Wertschätzung und verekelt die Achtung.

Siebzehnte Meisterschaft

Jede Gabe ohne Affektiertheit

Jede Gabe, jeden Glanz, jede Vollkommenheit soll in sich einfassen ein Held, aber zur Schau stellen keine. Affektiertheit ist der Ballast der Größe.

Sie besteht in einem verschwiegenen Lob seiner selbst. Und sich selbst zu loben, ist die sicherste Art, sich selbst zu tadeln.

Die Vollkommenheit muss in sich sein, das Lob in den anderen. Und es ist verdiente Strafe, wenn den, der törichterweise an sich selbst erinnert, die anderen unauffällig der Vergessenheit überantworten.

Eigenwillig ist die Wertschätzung, sie unterwirft sich nicht der Kunst, noch weniger der Gewalt, viel eher ergibt sie sich einer stillen Beredsamkeit der Gaben als der eitlen Prahlerei.

Sie behindert kaum die Selbstachtung, wohl aber fremden Applaus.

Die Verständigen finden alle zur Schau gestellten Gaben eher gezwungen als natürlich, eher vorgetäuscht als wahr. Und so sinkt die Achtung.

Dumm ist jeder Narziss, aber der von Geist unheilbar dumm, denn das Gebrechen liegt im Heilmittel.

Aber wenn das Zurschaustellen von Gaben schon eine Riesendummheit ist, was erst das von Unvollkommenheiten.

Auf der Flucht vor Affektiertheit geraten andere mitten in sie hinein, weil sie das Ungekünstelte erkünsteln.

Tiberius neigte zur Verstellung, ohne die Verstellung verstellen zu können. Größte Meisterschaft in einer Kunst: sie verleugnen zu können, größter Kunstgriff: sie mit einer noch größeren zuzudecken.

Doppelt groß ist, wer alle Vollkommenheiten in sich birgt, aber kaum beachtet. Mit großzügiger Nachlässigkeit weckt er die allgemeine Aufmerksamkeit, und blind für seine Gaben macht er zu Argos[73] die anderen.

Man nenne diese Gabe Wunder der Vollkommenheiten.

Denn wenn die anderen über außergewöhnliche Wege zur Größe führen, kommt diese durch Umkehrung zu Ruhm, zum Thron der Unsterblichkeit.

Achtzehnte Meisterschaft

Nacheiferung von Ideen

Es hatten zum größten Teil die Helden weder Söhne noch Heldensöhne, wohl aber Nacheiferer, denn offenbar zeigt sie der Himmel eher als Vorbilder für Bedeutung denn als Fortpflanzer der Natur.

Hervorragende Männer sind beseelte Bücher der Reputation, von denen der Gebildete Lektionen der Größe lernen muss durch Wiederholung und Wiederherstellung ihrer Heldentaten.

In jeder Kategorie nehme man sich die Ersten vor, nicht so sehr zur Nachahmung wie zur Nacheiferung, nicht um ihnen zu folgen, sondern über sie hinauszugehen.

Achill war die heroische Schlaflosigkeit Alexanders. Und indem er auf dessen Grab schlief, erwachte in ihm der Eifer nach dessen Ruhm. Es öffnete die Augen der stolze Mazedonier zum Jammern und Preisen gleichermaßen. Und er weinte nicht um den toten Achill, sondern um sich selbst, nicht hochgeboren für den Ruhm.[74]

Später beschäftigte Alexander den Caesar. Und was Achill für Alexander, war Alexander für Caesar: Stachel im Großmut seines Herzens. Und Caesar übertraf Alexander so sehr, dass er dessen Ruhm und Größe zur Streitfrage erhob. Denn wie Alexander den Osten zum erhabenen Schauplatz seiner Taten machte, so Caesar den Westen.

Es sagte der hochherzige Don Alfonso von Aragón und Neapel[75], die Trompete sporne das edle Pferd nicht so an, wie ihn das Horn von Caesars Ruhm entzündet habe. Man bemerke, wie diese Helden durch Nacheiferung voneinander Größe erbten und mit der Größe den Ruhm.

In jedem Bereich gibt es Leute ersten und untersten Ranges. Die einen sind Wunder an Exzellenz, die anderen ihr Gegenteil. Der Kluge wisse, sie einzustufen, und sollte dafür die Kategorie der Helden, den Katalog des Ruhms noch einmal durchgehen.

Den Index der Alten machte Plutarch in seinen *Parallelen*, den der Modernen in seinen *Elogien* Paolo Giovio.[76]

Darüber hinaus sei ein unbestechliches Urteil vonnöten. Aber welcher Geist wird es für sich in Anspruch nehmen können? Leicht ist es, sie in der Zeit zu verorten, aber schwer in einer Rangfolge.

Universelles Vorbild, wenn nicht Mirakel, das jede Nachahmung entmutigt, da es alle Bewunderung auf sich zieht: der König der Helden, erstes Wunder der beseelten Welt, Philipp IV. von Spanien, denn Habsburgs Sonne verdankt man die vierte Sphäre.[77]

Universeller Spiegel sei, wer alle Maximalitäten repräsentiert, nicht nur Größen.

Allgemeinen Nacheiferer aller Helden nenne man,

wer Zentrum aller ihrer Heldentaten ist, und man spezifiziere den Ruhm in Auszeichnungen von eminenter Vielfalt: der Glückliche für sein Glück, der Mutige für seine Tapferkeit, der Kluge für seinen Geist, der Erzkatholische für seinen Glaubenseifer, der Mann, der das gewisse Etwas hat, für seine Ausstrahlung und der Universelle für alles.

Neunzehnte Meisterschaft

Kritisches Paradox

Obwohl sicher vor dem athenischen Scherbengericht,[78] gerät der Held doch in die Gefahr der spanischen Kritik. Jener sonderbare Ostrakismos würde ihn auf der Stelle verbannen – und er könnte es – in die Gefilde des Ruhms, ins Reich der Unsterblichkeit.

Widersinnig verurteilt ihn diese wegen Sündigens durch Nichtsündigen.[79] Kritische Meisterschaft besteht darin, verzeihliche Fehltritte in der Klugheit, in der Tapferkeit zu begehen, um den Neid zu unterhalten, um das Übelwollen zu füttern.

Selbst ein Riese von Glanz kann sie unmöglich vermeiden, denn sie sind solche Harpyen,[80] dass sie, wenn sie keine niederträchtige Beute finden, sich an das Beste heranzuwagen pflegen.

Es gibt Absichten mit metaphysischem Gift, sie verstehen es, auf subtile Weise die guten Eigenschaften zu verdrehen, die Vollkommenheiten zu verderben und einem höchst gerechtfertigten Unterfangen eine finstere Deutung zu geben.

Es sei dann politische List, sich irgendeinen verzeihlichen Fehler zu erlauben, den der Neid auffrisst und der das Gift der Eifersucht zerstreut.

Und das gelte als politisches Heilmittel, als Gegengift der Klugheit. Denn obwohl es einer Schwäche entstammt, hat es als Wirkung Gesundheit. Man rette das Herz, indem man sich dem Tadel aussetze und das Gift auf sich ziehe.

Überdies pflegt eine Laune der Natur, eine große Schönheit zu vervollkommnen. Gelegentlich betont ein Mal die Schönheit.

Es gibt Fehler ohne Fehler. Alkibiades[81] zeigte einige im Mut, Ovid im Geist, und doch nannte er sie »die Quellen der Gesundheit«.[82]

Müßig scheint mir die Meisterschaft[83] und mehr Ziererei eines Eingebildeten als Kultur eines Klugen.

Wer ist Licht ohne Schatten, Diamant ohne Sprung, dornenlose Rose?

Kunst ist nicht nötig, wo Natur ausreicht, ist überflüssiges Zieren, wo Lässigkeit genügt.

Letzte Meisterschaft und Krone

Und hier das schönste Kronjuwel, der Phönix unter den Gaben eines Helden

Jedes Licht kommt herab vom Vater allen Lichts, vom Vater zu den Söhnen. Die Tugend ist Tochter des helfenden Lichts, also des Glanzes Miterbe, die Schuld ein von der Blindheit geborenes Ungeheuer, im Dunklen vererbt.

Jeder Held hat so viel Anteil an Glückseligkeit und Größe wie an der Tugend, denn sie laufen von Geburt bis zum Tod parallel.

Bei Saul[84] verfinsterte sich die eine mit der anderen, und bei David brachen beide zugleich wieder hervor.

Unter den Caesaren war Konstantin der Erste, der sich der Große nannte, und zugleich der erste christliche Herrscher,[85] höchstes Orakel dafür, dass mit dem Christentum Größe verschwistert ist.

Karl, erster Herrscher des Frankenreiches, erlangte den gleichen Beinamen und trachtete nach dem des Heiligen.[86]

Ludwig, ruhmreichster König, war der Heiligen und Könige Blüte.[87]

In Kastilien gemeinhin der Heilige genannt, war Ferdinand in Spanien der Große der Welt.[88]

Der Eroberer von Aragón weihte so viele Tempel der himmlischen Kaiserin, wie er Zinnen erstürmte.[89]

Die zwei katholischen Könige, Ferdinand und Isabell, waren das Nonplusultra, ich sage, Säulen des Glaubens. Der gute, der keusche, der fromme, der eifrige unter den spanischen Philippen gab keine Handbreit Erde verloren.[90] So gewann er ellenweise den Himmel. Und in Wahrheit besiegte er mehr Ungeheuer mit seiner Tugend als der Alkide mit seiner Keule.

Unter den Heerführern waren Gottfried von Bouillon, Georg Kastriota, Rodrigo Díaz de Vivar, der große Gonzalo Fernández, der erste von Santa Cruz und Schrecken der Türken, Seine Durchlaucht Don Juan d'Austria, Spiegel der Tugend und Tempel christlicher Frömmigkeit.[91]

Unter den hochheiligen Helden gab den ersten beiden, Gregor und Leo,[92] die Größe Ansehen, Glanz gab ihnen die Heiligkeit.

Sogar bei den Heiden und Ungläubigen führt Augustinus, Sonne des Scharfsinns, jegliche Größe auf das Fundament moralischer Tugenden zurück.

Es wuchs Alexander, bis seine Sitten sanken. Ungeheuer an Kraft besiegte der Alkide, bis er sich derselben Schwäche ergab.

So grausam, so gerechtigkeitsliebend war Fortuna mit beiden Neronen,[93] wie diese mit ihren Vasallen umgingen.

Ungeheuer von Unzucht und Schwäche waren Sardanapal[94], Caligula[95] und Roderich[96] und Ausbund von Züchtigung.

In den Monarchien ist diese Meisterschaft evident. Die Blume unter den Königreichen[97] blühte, solange Frömmigkeit und Religion blühten. Mit der Ketzerei welkte ihre Schönheit.

Der Phönix der Provinzen ging im Feuer des Roderich unter und wurde in der Frömmigkeit Pelayos[98] und im Eifer Ferdinands wiedergeboren.

Das Wunder des Hauses Habsburg brach an, als es seine Größe in jener gründete, die Inbegriff der Wunder Gottes ist. Und es besiegelte sein kaiserliches Blut mit dem von Christus, unserem Herrn, geheiligten.

Gebildeter Mann, Anwärter auf Heldentum, beachte die wichtigste Meisterschaft und erneuere die beständigste Vollkommenheit!

Nicht kann Größe sich auf Sünde gründen, die nichts ist, allein auf Gott; denn der ist alles.

Besteht die sterbliche Vorzüglichkeit aus Neid, sei die ewige aus Eifer.

Held der Welt zu sein, ist wenig oder nichts, des Himmels viel. Dessen großer Herrscher sei Lob, Ehre und Ruhm.

Hannes Böhringer

Nachwort

»Sättigt eure Seelen an Plutarch und wagt es,
an euch selbst zu glauben, indem ihr
an seine Helden glaubt.«

(Nietzsche)

1799 sieht der amerikanische Kapitän Delano von seinem Schiff aus, einen Robbenfänger in den Hafen einer kleinen Insel im Süden Chiles, ein unbeflaggtes Schiff unsicher manövrierend und viel zu nah auf die Küste zuhaltend, in die Bucht einlaufen. Delano ist ein herzensguter Mensch, schreibt Herman Melville. Er glaubt das Schiff, das er im Morgendunst sieht, in Seenot und lässt sich mit frischen Fischen zu ihm übersetzen, um es in den Hafen zu lotsen. Das ramponierte spanische Handelsschiff transportiert Sklaven.

Am Ende der Welt, irgendwo im Süden Chiles, trifft die kommende See- und Weltmacht auf die untergehende. Der Amerikaner spricht Spanisch und versteht trotzdem nicht, was auf dem fremden

Schiff vor sich geht. Der junge, lungenkranke Kapitän Benito Cereno, unfreundlich und seltsam fahrig, gestützt von einem Schwarzen namens Babo, der ihn umsorgt und nie verlässt, redet etwas von Sturm und langer Flaute. Offiziere fehlen, mangelnde Disziplin, keine Rettungsboote, Matrosen in seidener Unterwäsche. Dem Amerikaner wird es unbehaglich. Trotzdem zögert er mit dem Abschied. Er kann das Rätsel nicht lösen. Alle Vermutungen, die er anstellt, verwirft er gleich wieder. Ein alter Matrose knüpft einen komplizierten Knoten und wirft ihm in gebrochenem Englisch hin: »Aufmachen, aufschneiden, schnell!« Aber Delano ist kein Alexander, der den Knoten durchhaut, den er nicht aufzulösen vermag. Am Ende erst, als sich Don Benito plötzlich von der Reling in das Walfangboot fallen lässt, das Delano zu seinem Schiff zurückbringen soll, und Babo seinem Herrn mit einem Dolch in der Hand nachstürzt, um ihn zu töten, »zuckt ein Blitz der Erkenntnis durch Kapitän Delanos allzulang verblendeten Geist«: Das spanische Schiff war in der Hand der Sklaven, und Babo hatte Don Benito nur darum nicht einen Moment allein gelassen, um ihn bei der kleinsten falschen Bewegung sofort zu töten.

Kapitän Delano versteht nichts von der Gracián'schen Kunst der Entzifferung und Enttäuschung. Dazu fehlt ihm das Misstrauen. Auch hinter ihm steht ein Babo, unsichtbar allerdings, der ihn daran hindert, ein solches Ausmaß an Trug, Täuschung und Bosheit wie auf der »San Dominick« überhaupt für möglich zu halten.

Ein anderer Babo hindert die Verlierer des letzten Weltkriegs, das Heroische zu denken. Zu sehr war es diskreditiert. Doch in der Abstinenz verschwindet nicht, dessen man sich enthält. Die moderne Kunst folgt dem Begriff des Erhabenen, das von ihr negierte Schöne wandert in die Werbung und Mode ab. Das Heroische verwildert in Kriegs- und Agentenfilmen, obwohl es mit dem Erhabenen, dem »schlechthin Großen« (Kant), aufs engste verwandt ist. Heroismus ist Seelengröße (Großherzigkeit, Hochherzigkeit): megalopsychia, magnaminitas. In dieser philosophischen Begriffstradition konzipiert Gracián den Helden.

»Großgesinnt scheint zu sein«, schreibt Aristoteles, »wer sich großer Dinge für würdig hält und es auch ist.«[99] Die größten Dinge waren für das 19. Jahrhundert welthistorische Taten: Alexander der Große, Caesar, Napoléon vollbringen sie. Anstelle Napoléons nennt Gracián aus seiner Zeit Karl V.: Er schafft das spanische Weltreich, mit Hilfe seiner Fortuna triumphiert er über den ganzen Erdkreis und am Ende sogar noch über die Fortuna selbst, indem er sich zur rechten Zeit zurückzieht. In diesem Herrschaftsverzicht beweist er, was Jacob Burckhardt bei den Heroen der Weltgeschichte am wenigsten findet: Seelengröße.[100] Denn »historische Größen« sind auf Selbstbehauptung und Selbststeigerung aus. Ehrgeiz (philotimia, ambitio) treibt sie an. »Der Großgesinnte hat es also vor allem mit Ehre und Unehre tun.«[101]

Der Historiker, schreibt Burckhardt, will nur noch »weise werden«[102] und nicht mehr klug wie noch Gracián. Die historistische Vertiefung in die Einmaligkeit der geschichtlichen Ereignisse erlaubt nicht mehr, Lehren für die Zukunft aus ihnen zu ziehen, die Geschichte in ein Tableau beispielhafter Vorgänge zu verwandeln, aus denen man politisch handelnd lernen kann. Deshalb können welthistorische Individuen für Burckhardt auch keine Vorbilder der Nacheiferung mehr sein. »Größe ist, was wir nicht sind.«[103] Aber kein Ressentiment: »Der freie Mensch ist nicht neidisch, sondern anerkennt das gern, was groß und erhaben ist, und freut sich, dass es ist.«[104]

Der Held der Weltgeschichte tut, »was not und an der Zeit ist« (Hegel). In ihm fallen Allgemeines und Besonderes zusammen. Er geht, so Burckhardt, eine heilige Ehe mit seiner Zeit ein. Eine Sympathie im Sinne der Astrologie und Alchemie, schreibt Gracián, begünstigt die Taten eines Helden. Er steht in einer besonderen Gunst und Gnade. Er hat Grazie. Gracián verschärft diesen von Castiglione übernommenen Begriff theologisch wie politisch: die »natürliche Herrschaft« des Helden ist »charismatisch« (Max Weber). Die Universalität des Hofmanns wird zur Singularität des Helden umgedeutet. »Die welthistorischen Menschen, die Heroen einer Zeit«, schreibt Hegel, »sind als die Einsichtigen anzuerkennen, ihre Handlungen, ihre Reden sind das Beste der Zeit.«[105] Das Beste für Gracián sind »gekrönte Sentenzen«, die Sprüche von Königen. Wie die fiktiven Reden der Feldherren bei den antiken Historikern die Ziele und Beweggründe der handelnden Parteien zur Sprache bringen, so sind die Sentenzen für Gracián symbolischer Ausdruck für die scharfsinnige und schlagfertige Lösung von Schwierigkeiten, für die kluge Befreiung aus heiklen Umständen. Gelungene Handlungen sind konkrete Sentenzen Das Leben des Menschen ist nicht nur ein Krieg gegen des Menschen Bosheit,[106] sondern auch ein dauernder Kampf mit den Umständen. Das Leben reiht Schwierigkeiten an Schwierigkeiten, Situationen, die gemeistert werden müssen. Helden bewältigen beispielhafte Situationen vorbildlich.

Umstände zu meistern, heißt, sie richtig einzuschätzen: Urteilskraft (genio, juicio). Witz und Scharfsinn (ingenio, agudeza) bringen den guten Einfall hervor, mit dem der Handelnde die drohende Überwältigung durch die Umstände parieren kann. Dazu braucht er außer diesen Verstandeskräften noch Beherztheit (corazón) und Schlagfertigkeit (prontitud).

Taten und Sprüche berühmter Männer findet Gracián aufgeschrieben bei Plutarch, Giovio[107] und Botero[108]. Er liebt Sentenzen, schreibt selbst einen sentenziösen Stil, lakonisch und epigrammatisch nach dem Vorbild Martials und Senecas, beide in Spanien geboren. So können viele seiner Sätze für sich stehen und sich als Merksätze einprägen. Nicht nur stilistisch vorbildlich ist Tacitus, Historiker der frühen römischen Kaiserzeit, der die Verstellungskünste des Tiberius beschreibt, sondern auch Beobachter von Menschen in der Nähe und im Zentrum der Macht.

Mit einer Lektion über bewusste Unergründlichkeit beginnen die Exerzitien des Helden. Unergründlichkeit praktiziert Gracián selbst. So gilt er als Verfasser einer nur noch christlich eingefassten, im Kern jedoch ganz und gar säkularen Klugheitslehre. Zugleich aber erscheinen seine Sentenzen wie zum Paradox und Zerreißen angespannte Taue, mit denen er die sich verselbständigende Klugheit, die Staatsraison des Einzelnen, an die Tradition der von humanistischer Bildung umrankten christlichen Theologie binden will. Das ausgehende 20. Jahrhundert sucht nach einem Ausgleich von Avantgarde und Geschichte und entdeckt das Barock als großartigen, faltenreichen Versuch, Neuzeit mit Tradition zu vermitteln. Gracián hält genug Anstößiges für die Gegenwart bereit.

Sein Held ist eine Repräsentation Gottes in der Welt des Scheins. Er strahlt und glänzt und verhüllt sich zugleich in Unergründlichkeit. Der Held weiß sogar, wie ein Phönix aus der Asche wiederaufzuerstehen und seinen Ruhm zu erneuern.

Held ist der Fürst: *il principe*, der Erste einer Rangfolge, Vorbild für die Nachfolgenden. Ebenso wie der Hof nur in exemplarischer Form das Verhalten der Menschen in Gesellschaft sichtbar macht, so ist der Held nichts anderes als eine herausragende Verkörperung von klugem und beherztem Handeln. Anders als Machiavellis *Il Principe* richtet sich *El Héroe* nicht ausschließlich an Fürsten und Machthaber, sondern auch an den Höfling und klugen Weltmann, an jedermann, der klug sein möchte.

Klugheit überspringt die Standesgrenzen. (Aber sie kann dabei leicht den Mut sinken und das Herz im Stich lassen, wenn sie zu der Erkenntnis kommt, es sei am klügsten, nicht heldenhaft zu sein.) Schon Graciáns Erstlingsschrift ist ein Handorakel, wie auch das *Oráculo manual* die Forderung nicht aufgibt, Held und heilig zu sein.[109] Zahlreiche Sätze aus *El Héroe* tauchen hier wieder auf. Sentenzen wird man schwer wieder los.

Vorbild ist noch nicht »die blonde Bestie« (Nietzsche), das ressentimentfreie Tier, sondern das Höhere, der Bessere, die große Ausnahme. Als Verkörperung von Exzellenz, Eminenz und Perfektion ragt der Held wie ein Wunder aus dem Mittelmaß hervor. – Halten die in Graciáns Heldenkatalog aufgeführten Personen diesem Maßstab stand? – »Für einen Kammerdiener gibt es keinen Helden«, schreibt Hegel, »nicht aber darum, weil dieser kein Held, sondern weil jener der Kammerdiener ist.«[110] Helden brauchen den hohen Stil der »monumentalischen Historie« (Nietzsche).

Der Held ist die hervorgehobene Persona, die sich durch Aufmerksamkeit und Scharfsinn gegenüber den anderen und vor ihnen durch Zurückhaltung, Unergründlichkeit, ja sogar bewusste Täuschung sichert und behauptet. Die Person ist Maske. Gracián beschreibt das sich selbst sichernde, nicht das ungeschützte, unweigerlich anfällige und hinfällige Ich. Er ist lakonisch und nicht lyrisch. Die Größe überstrahlt das Elend des Menschen. *El Héroe* ist noch nicht so verdüstert wie am Ende *El Criticón*.

Die Betonung der Selbsterhaltung, der Obacht seiner selbst aber unterdrückt das soteriologische Motiv des Helden. Der Gracián'sche Held rettet nicht mehr, er sucht und bewältigt Aufgaben, die seiner Größe würdig sind. Kapitän Delano begibt sich auf ein fremdes Schiff, das er in Seenot glaubt. Er will es in den Hafen lotsen. Arglos begibt er sich in höchste Gefahr. Am Ende rettet er das Schiff und den todkranken Don Benito. Aber dieser rettet auch ihn, indem er auf die leiseste Andeutung der Bedrohung und auf eigene Rettung verzichtet. Die beiden frommen Seemänner einigen sich darauf, dass Gottes Vorsehung sie gerettet habe. Und Delano fügt hinzu: »der Gemütszustand, in dem ich war, hat mich instandgesetzt, vorübergehendes Mißtrauen zu überwinden, in einem Augenblick, wo mich kalter Scharfsinn (acuteness, agudeza) vielleicht mein Leben gekostet hätte, ohne das eines anderen zu retten.«[111]

1996

Hannes Böhringer

Fünfundzwanzig Jahre später

Der Anfang war Übermut. »Wenn du ein Autor sein willst, musst du auch etwas übersetzt haben«, sagten Heidi Paris und Peter Gente zu mir, die Verleger des Merve Verlags. Etwas Kurzes, dachte ich, aber Weltliteratur. Mich beschäftigte damals die Moralistik im Zusammenhang der antiken Lebensphilosophie. So war ich auf Gracián gestoßen. Ich war dabei, ein Buch über den Westernhelden zu schreiben.[112] Also *El Héroe*. Aber ich konnte kein Spanisch. Meine Zuneigung zu Seneca und Tacitus reichte nicht aus. Unter den Studenten, die ich damals in Kassel unterrichtete, war Elena Carvajal. Sie studierte freie Kunst, hatte Sinn für Sprache und Literatur und Lust, mit mir zusammenzuarbeiten.

An Schopenhauers Eleganz wollten wir uns nicht messen lassen. Deshalb versuchten wir umgekehrt, das Barock Graciáns so wörtlich wie möglich ins Deutsche zu übertragen. Die kurzen Kapitel sind kunstvoll geschlungene Knoten, Embleme mit dem Bild einer heroischen Persona.[113] Die Romanisten schenkten unserer Übersetzung keine Beachtung. Im gleichen Jahr wie *Der Held* erschien Sebastian

Neumeisters Übersetzung von Graciáns *El Discreto*.[114] 2001 kam *El Criticón: Das Kritikon*, Graciáns großer allegorischer Roman, zum ersten Mal vollständig in der gelungenen Übersetzung von Hartmut Köhler heraus, flüssig zu lesen und doch der alten Sprache nah.[115] 2020 hat Hans Ulrich Gumbrecht seine Übersetzung des Handorakels dem direkten Vergleich mit Schopenhauer ausgesetzt.[116]

Unser *Held* erschien also im Zuge einer Wiederentdeckung Graciáns, seiner kunstvollen Prosa und seines kühlen Blicks auf das Treiben der Menschen. Über Gracián hinaus wurde das Barock insgesamt wiederentdeckt, seine Musik und Rhetorik, sein Wechselspiel von Illusionierung und Desillusionierung, sein Versuch einer Synthese von Tradition und Modernität, oft postmodern genannt, von Selbstermächtigung und Ergebenheit, Kunstverliebtheit und Berechnung, von Prunk und Raffinesse.[117]

Auch das Heldenthema hat sich in der Zwischenzeit bewegt. Helden sind immer noch verdächtig, aber wer weiß, an ihnen könnte doch etwas sein. Die Figur des Helden steht seit jeher im Zwielicht von Realität und Fiktion. Der Alltag ist postheroisch. Für den Anfang mögen Helden nötig gewesen sein. Im Alltag sind sie nicht zu gebrauchen. Doch ausnahmsweise, in Krisen, in der Not tauchen sie auf, verrichten ungewöhnliche Taten und werden vom Alltag wieder verschluckt. War die Erscheinung in der Not Einbildung, Überhöhung, Legende, Propaganda, politische Lüge? Die Figur des Helden wird immer wieder missbraucht. Soll man deshalb auf sie verzichten und sie dem Kino überlassen, wo die Helden befreit von der Last der Wirklichkeit noch einmal über sich hinauswachsen können und Superhelden werden?

In dem Buch *Soldados de Salamina* (2001) stellt Javier Cercas aus verschiedenen Blickwinkeln die Frage nach den wirklichen Helden. Der fiktive Erzähler ist Journalist und gescheiterter Schriftsteller, der eine »Erzählung nach der Wirklichkeit« (*relato real*) verfassen will über das glückliche Entkommen des falangistischen Dichters Sánchez Mazas aus einer Massenerschießung durch republikanische Soldaten am Ende des Spanischen Bürgerkrieges. Nicht Mazas ist der Held, auch wenn er sich als Speerspitze der Falange so darstellt, sondern der unbekannte Soldat, der Mazas nach der Massenerschießung in dessen Versteck aufstöbert, ihm in die Augen blickt und verschont.

Auf der Suche nach diesem Soldaten trifft der erfolglose Schriftsteller den Dichter Roberto Bolaño. Sie unterhalten sich: Wer ist ein Held? Zum Beispiel Salvador Allende, der nach dem Putsch gegen ihn keine Waffen an seine Anhänger verteilen ließ. Im Kern irrational handelt der Held instinktiv, sagt Bolaño. Er rettet Menschen aus einem brennenden Haus, in das sich niemand mehr hineintraut, und kommt selbst darin um. Dann erzählt er von einem Veteranen namens Miralles, den er auf einem Campingplatz in der Nähe kennengelernt hat. Als Junge in die republikanische Armee eingezogen, nach deren Niederlage nach Frankreich geflohen, in einem Internierungslager für die Fremdenlegion rekrutiert, nach mörderischen Strapazen in Afrika und Kämpfen in Nordfrankreich mit General Leclerc ins befreite Paris einmarschiert und am Ende noch schwer verwundet. Der Erzähler findet ihn schließlich in einem französischen Altersheim.

Es bleibt offen, ob es Miralles war, der Mazas erkannt und verschont hat. Wofür aber hat er gekämpft? Nicht für hehre Ziele, sagt er, für seine Kameraden, die am Ende alle gefallen sind, Spanier, Marokkaner, Algerier, Tunesier. Die haben Europa befreit, denkt der Erzähler, die wahre Phalanx. Der einfache Soldat Miralles ist der Held, der »Mut und den Instinkt der Tugend« gehabt hat. Er rettet einem Feigling das Leben, rettet Europa. Der Held rettet. Das griechische Wort *heros* ist etymologisch mit dem lateinischen *servo* (schützen, retten) verwandt. Heros ist die rettende Stärke. Doch die Figur des Helden bleibt auch bei Cercas eine Fiktion, erfundene Wirklichkeit.

Die griechischen Heroen sind Halbgötter, gezeugt von Göttern mit Menschen. Göttlichen Ursprungs begründet der Heros ein Geschlecht oder eine Stadt. Am Ende aber muss er sterben. Er verkörpert den Übergang einer sagenhaften Vorzeit in die Geschichte, einer mythischen Realität in die historische. Der Heros ist stark und schlau, stark durch Schläue oder durch Kraft, maskulin. Gracián, kein großer Frauenfreund,[118] kann aber Isabella von Kastilien in seinem Heldenkatalog nicht übergehen. So lobt er, dass sie ihre Geburtsschmerzen heldenhaft verborgen hat.[119]

Helden sind zwielichtig, halb Literatur, halb wirklich, aus der Nähe betrachtet menschlich. Anne Weber hat 2020 *Annette. Ein Heldinnenepos* veröffentlicht.[120] Es folgt der Form des Heldenepos, Sage, Gesang, aber die freien Verse fast prosaisch, der Ton nicht hoch, fast plaudernd, familiär. Die Heldin erschließt der Heldenfigur die profane Wirklichkeit. Das Epos erzählt die Geschichte der Bretonin Anne Beaumanoir, die früh zur Résistance stieß, Menschenleben rettete, nach dem Ende des Weltkriegs für die illegale algerische Befreiungsfront in Frankreich arbeitete, verhaftet wurde, vor der Verurteilung nach Tunesien floh und das öffentliche Gesundheitswesen des befreiten Algeriens zu organisieren begann, sich nach dem Sturz des ersten Präsidenten, Ben Bella, nach Europa zurückflüchten musste und in Genf als Neurologin arbeitete, bis sie begnadigt und vergessen nach Frankreich zurückkehren konnte.

Kinder hindern am Heldenleben. Die Heldin muss sich von ihnen losreißen. Über die Kinder aber bleibt die Heldin dem menschlichen Alltag verbunden und ist doch nicht für ihn geschaffen, vielmehr für das Außerordentliche. Ausnahmemenschen kennen keine Regeln. Keine Einzelaktion! sagt die kommunistische Partei zu Annette. Doch da ist eine jüdische Familie, die einen Unterschlupf braucht. Heroisch ist die Stärke, die schützt. Sie wartet nicht, bis ihr zu retten erlaubt wird. Der Held handelt. Er opfert sich. Er nimmt die Herausforderung des Augenblicks an. Er fragt nicht nach, er handelt spontan, »instinktiv«, aus innerem Antrieb. Das Opfer ist freiwillig, nicht das erzwungene, kultisch wiederholte Opfer des tragischen Helden auf der Bühne, des Sündenbocks, der zum Helden verklärt wird.[121]

Die Zeit der Ausnahme ist immer nur vorübergehend, zu kurz für die Heldin. Annette kann ihr Geschäft nicht zu Ende bringen, ihre Aufgaben nicht erledigen wie Herkules. Sie wälzt den Stein bergauf wie Sisyphus. Das Herunterkollern ist Alltag, die längste Zeit. Der Alltag kommt immer zu schnell. Für Annettes Generation löst der Mythos des Sisyphus den des Herkules ab.[122] Heroisch ist das unverzagte Scheitern.

Graciáns Held hat nicht die Bestimmung zu retten. Er rettet, weil er sich damit hervortun kann. Schon Plutarch lässt den jungen Alexander klagen, dass sein glorreicher Vater ihm keine Gelegenheit mehr lasse, selbst zu glänzen.[123] Auf den antiken Helden fällt ein göttlicher Glanz. Der hellenistische und barocke Held muss für diesen Glanz selbst sorgen. Sich als Sterblicher hervorzutun, ist immer gefährlich. Es ruft den Neid der Götter hervor. Klüger ist es, im Verborgenen zu leben. Wenn also der Held glänzen will, muss er sich in Acht nehmen, um sein eigenes Leben zu retten. Er muss erscheinen und sich im Schein zugleich verbergen können. Das Retten reduziert sich bei Gracián auf die Erhaltung und Bergung seiner selbst.

Das Verbergen steigert sich in ein Verhehlen, Verstellen und Täuschen hinein. Gracián schreibt das Kritikon, eine Kritik der Täuschung und Enttäuschung. Ihre Verschlungenheit ist die Quelle aller Erfahrung, Pointe jeder Kunst und Waffe im Lebenskampf. Vor dem Himmel aber macht Gracián Halt. Die Desillusionierung beschränkt sich auf die hiesige Welt. Nietzsche und Camus sind weiter gegangen und konnten doch nicht verhindern, dass sich das Nichts oder das Absurde wieder in einen Sinn verkehren. Kein Ende der Enttäuschungen.

Wie man Täuschung und Enttäuschung nicht dem Zufall der Ereignisse überlassen soll, so soll der Held sogar den Zufall selbst ergreifen, nutzen und gestalten, das, was man nicht in der Hand hat, in die Hand bekommen, das heißt: sein Glück machen.[124] Gottes Vorsehung schließt die Freiheit des Menschen nicht aus.[125] Fortuna, »Mutter der Kontingenzen«, ist die Tochter der Vorsehung, schreibt der Jesuitenpater Gracián. Der Held muss sich mit seiner Mutter gutstellen. Sein eigenes Glück zu kalkulieren bedeutet, die Rücken-, Seiten- und Gegenwinde rechtzeitig zu spüren. Handeln ist keine Dampf-, sondern eine Segelschifffahrt, Anpassung ans Geschehen, Witterung für die Lage, Ergreifen des Moments.

Das Herz (*corazon*) des Helden ist sein Mut, noch weit entfernt von Pascals *cœur*, von einem Verstand, der sich in Empfindung und Gefühl äußert. Dieses Herz hat Graciáns *ingenio* in sich aufgenommen und mit Sentiment erfüllt. Gracián neigt unter den Heroen den schlauen zu, den klugen und gerissenen, die mit Witz und Scharfsinn vorgehen. Sisyphus hätte ihm gelegen, wäre dessen Ende nicht so frustrierend. Graciáns Held vereinigt in sich den Fürsten Machiavellis und den Hofmann des Castiglione.[126] Der Machtkampf der Fürsten wird Vorbild für die Intrigen der Höflinge. Graciáns Held hat Verstand und Herrschaftswissen, Kultur und Ausstrahlung. Er strahlt, glänzt und weiß sich zu verbergen. Aber er hat keine Bestimmung. Die Hofgesellschaft hat sie ihm geraubt.

Helden sind gefährlich. Auf einmal sind sie da. In höchster Not nimmt man ihre Hilfe gern an. Wie wird man sie wieder los, wenn die Gefahr vorüber ist? Sie setzen sich über das Übliche hinweg, sprengen Grenzen und Regeln, Übermenschen. Darum muss die Tugend sie zurückhalten, so Gracián, damit sie nicht tun und lassen können, was sie wollen. Die Tugend mäßigt sie. Sie ist das strahlende Kronjuwel der Helden.[127]

Mit dem »Instinkt der Tugend« stehen Annette wie Miralles auf der richtigen Seite. Aber auch auf der richtigen Seite wird viel falsch gemacht. Zum Glück der richtigen Seite kommt noch das Glück hinzu, im richtigen Moment aufhören zu müssen vor der Vollendung, dem Misslingen. Nur Karl V., schreibt Gracián, war es gegeben, von sich aus aufzuhören.[128]

Frühjahr 2021

Und dann ist der Krieg nach Europa zurückgekommen – er war eigentlich nie weg, nur eine Zeitlang entrückt, versteckt, verdrängt oder eingefroren – und mit ihm der gewaltsame Tod. Gefallene Soldaten, tote Zivilisten und noch mehr Kriegsversehrte. Niemand kann den Gefallenen das Leben zurückgeben. Zum Trost der Hinterbliebenen werden sie zu Helden ernannt. Der Krieg ist teuer, das Geld entwertet, Inflation der Helden. Die wenigen wahren Helden verbergen sich im täuschenden Schein oder in der Unscheinbarkeit und setzen ihr Leben daran, zu retten, was zu retten ist, wenn es sein muss im Kampf. Militia contra malicia (Handorakel 13). Fast nichts, ein Laut, ein Hauch oft nur unterscheidet das eine vom anderen, das Gute vom Üblen. Wem gelingt diese Unterscheidung (*discreción*) zusammen mit einem befreienden Einfall, mit Entschlossenheit, Mut zum Handeln, dem Gefühl für den richtigen Augenblick und einer Portion Glück in Situationen, wo die Normen des gewöhnlichen Lebens versagen?

Sommer 2024

Anmerkungen

1 Juan Vincencio Lastanosa (1607–1684), adeliger Freund und Gönner Graciáns, Kunstsammler, Besitzer einer reichen Bibliothek, Verfasser eines Werks zur Münzkunde und Herausgeber mehrerer Werke von Gracián.

2 Anspielung auf das letzte der sieben Weltwunder, den Leuchtturm von Alexandria.

3 Peter IV. von Aragón (1336–1387).

4 Nach Arturo del Hoyo möglicherweise Giovanni Battista Brescia (1612–1659), vielleicht auch nur eine Fiktion.

5 Pseudonym von Gracián.

6 Baldesar Castiglione (1478–1529), Verfasser des Buches vom Hofmann (*Il Libro del Cortegiano*, 1528), im Dienste der Höfe von Mantua und Urbino, später Nuntius am Hofe Karls V. in Toledo und dort gestorben.

7 Wörtlich Irrtümer, aber yerro (Irrtum) klingt wie hierro (Eisen).

8 Pittakos, einer der sieben Weisen (Diogenes Laertius, *Leben und Meinungen berühmter Philosophen* I, 75)

9 Ferdinand der Katholische (1452–1516). Durch die Heirat mit Isabella von Kastilien (1474–1504) und die Eroberung Granadas vollendet er den Zusammenschluss Spaniens. In seine Regierungszeit fallen die Entdeckung Amerikas und die Vertreibung der Juden.

10 Ludwig XI. von Frankreich (1461–1483) und Tiberius, Nachfolger von Augustus, römischer Kaiser (14–37) gelten als Meister der Dissimulation.

11 Skylla und Charybdis, Klippen und Wirbel in der Meeresenge von Messina, mythische Seeungeheuer

(Odyssee, 12. Gesang). Jener auszuweichen, bedeutete, dieser zu verfallen.

12 Isabella von Kastilien.

13 Septimia Zenobia, Fürstin von Palmyra (266–272), von Longinus philosophisch gebildet, von Kaiser Aurelian besiegt und gefangengenommen. Tomyris, Königin der Massageten, besiegt 529 v. Chr. den Perserkönig Kyros II. und rächt furchtbar den Tod ihres Sohnes (Herodot, *Historien*, 203 ff.). Semiramis, sagenhafte Königin Assyriens, Städtegründerin von Babylon, Penthesilea, Königin der Amazonen, von Achill im Kampf getötet.

14 Cristoforo Madruzzo (1512–1572), Bischof von Trient in der Zeit des Konzils von Trient (1545–1563), Generalgouverneur von Mailand in den Diensten von Karl V.

15 Die von Gracián nicht immer streng und einheitlich verwandten Begriffe sind juicio (lat. iudicium) und ingenio (lat. ingenium), sindéresis (griech. synteresis) und agudeza. Siehe dazu Hellmut Jansen, *Die Grundbegriffe des Baltasar Gracián*, und Baltasar Gracián, *Der kluge Weltmann*, Kapitel 1. Witz hier im alten Wortsinn: scharfsinniger Verstand, Geist, Klugheit. Siehe Jost Trier, *Der deutsche Wortschatz im Sinnbezirk des Verstandes* (1931), Heidelberg 1973.

16 Gracián treibt ein etymologisches Spiel mit Namen. Welcher heilige Lorenz Laurentius, das heißt: mit Lorbeer bekränzt, gemeint ist, bleibt unklar.

17 Mohammed II. (1432–1481), Eroberer von Konstantinopel.

18 Schöner Mundschenk des Zeus, der ihn von einem Adler auf den Olymp entführen lässt.

19 König Salomon, 932 v. Chr. gestorben, Sohn König Davids, droht beim Streit zweier Mütter um ein Kind mit dessen Halbierung und findet die wahre Mutter in der, die auf das Kind verzichtet, um es von der Tötung zu verschonen.

20 Aut Caesar aut nihil. Leitspruch von Cesare Borgia (1475–1507).

21 Im Vertrag von Troyes 1420 enterbt der französische König Karl VI. seinen eigenen Sohn, den späteren Karl VII. (1422–1461), zugunsten Heinrichs V. von England.

22 Gracián erfindet hier ein von sol (Sonne) abgeleitetes Verbum solizar, in dem solidar (erhärten) mitanklingt.

23 Karl Emanuel I. der Große, Herzog von Savoyen (1580–1630).

24 Mohammed ibn Abi Amir al-Mansur (938–1002), erster Minister und Feldherr unter dem Omajjadenkalifen Hisham II.

25 Hadrian, römischer Kaiser (117–138).

26 Ludwig XII., König von Frankreich ab 1498, war vorher Herzog von Orléans.

27 Philipp II. (1556–1598), Sohn und Nachfolger Karls V. Unter seiner Herrschaft Annexion Portugals, Abfall der Niederlande, Seesieg über die Türken bei Lepanto, Niederlage der Armada gegen England.

28 Agesilaos II. (440–360 v. Chr.), Spartanerkönig, besiegt Athen, rettet Sparta vor den Thebanern und wird am Ende doch von ihnen unter der Führung Epaminondas' bei Mantineia 362 v. Chr. besiegt.

29 Gigant, der im Titanenkampf gegen die olympischen Götter von Athene auf die Insel Sizilien geschleudert wird.

30 Dritter Herzog von Alba (1507–1582), deshalb von Gracián Morgenröte (alba) genannt, bekannt als *der* Herzog von Alba, Feldherr unter Karl V. und Philipp II., führt die kaiserlichen Truppen im Schmalkaldischen Krieg, schlägt den Aufstand der Niederländer nieder und erobert Portugal.

31 Gott des Tadels.

32 Philipp II. von Spanien und Philipp II. von Mazedonien (359–336), Vater Alexanders des Großen (336–323).

33 Plutarch, *Parallelbiographien*, Alexander 4.

34 Cervantes (*Don Quijote*, Kap. 8) erwähnt Diego Pérez de Vargas, der in einer Schlacht unter Ferdinand III.

dem Heiligen von Kastilien – also muss mit dem neuen König Alfonso Alfons X. der Weise (1252–1284) gemeint sein –, nachdem sein Schwert zerbrach, den Ast einer Steineiche abriss und damit erfolgreich weiterfocht.

35 Wunderbarer Vogel, dem Pfau und Adler ähnlich, der bei nahendem Tode nach Ägypten fliegt, sich in einem Nest aus Myrrhe verbrennt und aus der Asche neu ersteht, später Sinnbild des auferstandenen Christus, des ewigen Lebens und des ewigen Roms.

36 Philipp II. und sein Vater Karl, als Karl I. König von Spanien (1519–1556), als Karl V. deutscher Kaiser (1530–1556).

37 Manche Kommentatoren haben hinter »dem anderen galanten Maler« Velázquez vermutet, was aber chronologisch unmöglich ist. Die Anekdote wird auch Tizian zugeschrieben. Anspielung auf Plutarch, a. a. O., Caesar 11.

38 Marcus Porcius Cato der Ältere (234–149), römischer Konsul und Zensor, Verfasser einer Schrift über Landwirtschaft, berühmt für seinen Hass auf Karthago und seine Sittenstrenge.

39 Herkules, nach seinem Großvater Alkeides genannt.

40 Tacitus, *Annalen*, VI 28.

41 Horaz, *Epistola ad Pisones* (De Arte Poetica) 385.

42 Hernán Cortés (1485–1547) zerstört das Aztekenreich und erobert Mexiko für die spanische Krone.

43 Plutarch, a. a. O., Caesar 38.

44 Galenus (129–199), Gladiatorenarzt und später Leibarzt des Kaisers Marc Aurel, Verfasser bedeutender medizinischer Schriften.

45 Römischer Schriftsteller, der um 400 n. Chr. eine Kompilation über das Kriegswesen verfasst.

46 Wieder Horaz, *Ad Pisones* 385.

47 Bruder von Philipp IV., Sieger der Schlacht von Nördlingen (1634), Gouverneur und Generalkapitän von Flandern, 1640 gestorben.

48 Suleiman II. der Große, türkischer Sultan (1520–1566) erobert Ungarn; Wien aber belagert er 1529 vergeblich.

49 Franz I. (1515–1547) unterliegt den kaiserlichen Truppen bei Pavia 1525 und gerät vorübergehend in Gefangenschaft.

50 Metz wird im Winter 1552/53 von Karl V. vergeblich belagert. Gian Giacomo dei Medici, Marchese von Marignano und Leiter der kaiserlichen Artillerie, spielt auf Machiavelli, *Il Principe* 25, an.

51 Karl V. (1500–1558) verzichtet zwei Jahre vor seinem Tod auf den Thron und zieht sich in das Kloster San Gerónimo de Yuste zurück.

52 Polykrates, Tyrann von Samos, wird nach Herodot 522 v. Chr. vom persischen Satrapen Oroites in Magnesia, Samos gegenüber an der kleinasiatischen Küste am Hang des Gebirges Mykele gelegen, grausam getötet.

53 Belisar (505–565), Feldherr des oströmischen Kaisers Justinian, kämpft gegen Vandalen, Hunnen und Ostgoten, fällt in Ungnade und beendet sein Leben der Legende nach als geblendeter Bettler.

54 Don Alvaro de Luna, Günstling von König Juan II. von Kastilien, 1453 in Valladolid geköpft.

55 Heinrich Guise (1550–1588), Führer der heiligen Liga, die für einen katholischen Nachfolger des kinderlosen Heinrich III. (1574–1589) kämpft. Der König lässt Heinrich Guise ermorden und wird selbst ermordet. Sein Nachfolger wird der ehemalige Protestant Heinrich IV. (1589–1610). 1585–1589 der sogenannte Krieg der drei Heinriche.

56 Bajasid I. der Blitz, (1354–1403), Nachfolger von Murad I. als osmanischer Sultan, unterwirft Serben und Bulgaren, unterliegt aber den Mongolen unter Timur 1402 bei Ankara und stirbt in Gefangenschaft.

57 Die Grazien (griechisch Chariten) begleiten die Liebesgöttin Aphrodite: Aglaia (Festglanz), Euphrosyne (Freude) und Thalia (blühendes Glück).

58 Titus, römischer Kaiser von 70 bis 81. Sueton, *Leben der Caesaren*, Kapitel Titus, erster Satz.

59 Alfonso V. der Großmütige, König von Aragón (1416–1458), erobert 1442 das Königreich Neapel.

60 Matthias I. Corvinus (1443–1490), humanistisch gebildeter König von Ungarn.

61 Despejo, wörtlich Aufgeräumtheit, von Courbeville in der französischen Ausgabe von 1725 mit Je-ne-sais-quoi übersetzt: Baltasar Gracián, *Le Héros*, traduit de l'espagnol par Joseph de Courbeville, Paris 1980, S. 61 ff.

62 Ans Licht bringende Geburtsgöttin der Römer.

63 Ferrante Francesco d'Avalos, Graf von Pescara, befehligt die kaiserlichen Truppen bei ihrem Sieg von Pavia 1525, im Dezember desselben Jahres gestorben.

64 Heinrich IV. wechselt die politischen Fronten und seine Konfession, um König werden zu können. Theseus besiegt den Minotaurus und entkommt seinem Irrgarten mit Hilfe des Ariadnefadens.

65 Plutarch, a. a. O., Alexander 5.

66 Plutarch, a. a. O., Caesar 1 u. 2.

67 Sympathie und Antipathie hier wie im Folgenden im Sinne der Alchemie und Astrologie.

68 Der Herzog von Alba duzte alle.

69 Mederkönig, der seinen Vorgänger auf Anstiften von dessen Frau mit Hilfe eines unsichtbar machenden Ringes getötet haben soll, gestorben 652 v. Chr.

70 Pedro Enriquez de Acevedo, Graf von Fuentes (1535–1610), Schwager des Herzogs von Alba, Statthalter der Niederlande, Generalkapitän von Spanien, Generalgouverneur von Mailand und spanischer Grande, kämpft 1595 gegen Heinrich IV. in der Picardie.

71 Niedrig wachsender Strauch, dessen Zweige und Blätter früher als Weihwassersprengel benutzt wurden.

72 Römischer Kaiser von 54 bis 68, zunächst in der Obhut Senecas, lässt Mutter und Ehefrau umbringen und Rom brennen.

73 Hundertäugiges Ungeheuer der griechischen Mytholo-

gie, das um zu ruhen immer nur zwei Augen schließen muss, also immer aufmerksam ist.

74 Überschneidung zweier von Plutarch erzählter Anekdoten: a. a. O., Alexander 15 u. Caesar 11.

75 Alfons, der Großmütige (1416–1458).

76 Paolo Giovio (1483–1553), Autor der *Elogia doctorum virorum ab avorum memoria publicatis ingenii monumentis illustrium*, Basel 1561, und der *Gli elogi brevemente scritti d'huomini illustri di guerra, antichi et moderni*, Florenz 1554.

77 Philipp IV. von Spanien (1621–1665) aus dem Hause Habsburg, dem Gracián die erste verschollene Ausgabe des *El Héroe* von 1637 gewidmet hat. Die vierte Sphäre ist in der Ptolemäischen Kosmologie die Sphäre der Sonne.

78 Über das Scherbengericht, den Ostrakismos, konnten im alten Athen Männer, die der Demokratie zu mächtig schienen, mittels einer Volksabstimmung ins Exil geschickt werden.

79 Plinius der Jüngere, *Briefe* IX 26: Nihil peccat, nisi quod nihil peccat.

80 Raubende gefiederte Göttinnen des Sturms und Todes in der griechischen Mythologie.

81 Athenischer Feldherr und Politiker, der wiederholt die Seiten zwischen Athen und Sparta wechselt, Freund des Sokrates, 404 v. Chr. im persischen Exil ermordet. Alkibiades, so Plutarch (a. a. O., Alkibiades 9), schneidet seinem Hund den Schwanz ab. Seine Freunde schelten ihn, dass die Welt den Hund bedaure. Darauf Alkibiades: »Nun, so ist meine Absicht erreicht. Ich will, dass die Athener davon sprechen sollen, damit sie nicht etwas Schlimmeres von mir sagen.«

82 *Fasti* 2, 250.

83 Primor heißt Meisterschaft wie auch Kapitel.

84 Saul, erster König Israels um 1000 v. Chr. wirft den Speer nach David, seinem späteren Nachfolger, der ihn mit seinem Harfenspiel aufheitern soll.

85 Konstantin der Große, römischer Kaiser (324–337), lässt sich auf dem Sterbebett taufen.
86 Karl der Große (768–814).
87 Ludwig IX. der Heilige von Frankreich (1226–1270).
88 Ferdinand III. der Heilige (1217–1252).
89 Jakob I. der Eroberer (1208–1276).
90 Philipp III. von Spanien (1598–1621).
91 Gottfried von Bouillon (1060–1100) führt den ersten Kreuzzug an. Georg Kastriota, auch Skandenbeg genannt (1405–1468), albanischer Feldherr und Nationalheld, verteidigt die Selbständigkeit Albaniens gegen die Türken. Rodrigo Díaz de Vivar (1043–1099) erobert und verteidigt unter Alfons VI. von Kastilien Valencia gegen die Mauren, die ihn respektvoll El Cid nennen. Fernández de Cordoba y Aguilar (1453–1515), El Gran Capitán genannt, macht die spanische Infanterie für mehr als hundert Jahre zur besten Europas. Don Alvaro de Bazán (1526–1588), erster Markgraf von Santa Cruz, als Admiral am Sieg von Lepanto maßgeblich beteiligt. Juan d'Austria (1547–1578), unehelicher Sohn Karls V. und Sieger der Seeschlacht von Lepanto 1571 über die türkische Flotte.
92 Gregor der Große, Papst von 590 bis 604, bekannt durch seine liturgischen Reformen, rettet Rom 593 vor den Langobarden und leitet deren Christianisierung ein. Leo der Große, Papst von 440 bis 461, bewegte 452 Attila, Italien zu verschonen.
93 Der römische Kaiser Nero und Peter I. der Grausame von Kastilien (1334–1369).
94 Sardanapal oder Assurbanipal, assyrischer König (668–627), fälschlicherweise Sinnbild des orientalischen Wüstlings.
95 Caligula (»Stiefelchen«), römischer Kaiser (37–41).
96 Roderich, letzter König der Westgoten, fällt 711 bei Jerez de la Frontera gegen die Mauren.
97 Frankreich.
98 Pelayo, altspanischer Nationalheld (gestorben 737),

zieht sich mit den letzten Westgoten nach Asturien zurück und wird dort König. 722 besiegt er in der Schlacht von Covadonga die Araber und leitet damit die Reconquista ein.

99 *Nikomachische Ethik* 1123 b 1.

100 *Weltgeschichtliche Betrachtungen*, München 1978, S. 170.

101 *Nikomachische Ethik* 1124 a 5.

102 A. a. O., S. 7.

103 A. a. O., S. 151.

104 Hegel, *Vorlesungen über die Philosophie der Geschichte.*

105 Ebenda, S. 46.

106 *Handorakel* 13.

107 Paolo Giovio, *Elogia doctorum vivorum*; ders., *Gli elogii*, a. a. O.; ders., *Commentario de le cose de Turchi*, a. a. O.

108 Giovanni Botero, *Detti memorabili de personaggi illustri*, Brescia 1610; ders., *Della ragione di Stato libri dieci*, Venedig 1589.

109 Nr. 75 u. 300.

110 A. a. O., S. 48.

111 Herman Melville, *Billy Budd und andere Geschichten.*

112 *Auf dem Rücken Amerikas*, Berlin 1998.

113 Hellmut Jansen, *Die Grundbegriffe des Baltasar Gracián*, S. 10 ff.

114 *Der kluge Weltmann.*

115 Zürich 2001.

116 Stuttgart 2020.

117 Hannes Böhringer, »Barocke Gegenwart«.

118 Hans-Rüdiger Schwab, Nachwort zu *Das Kritikon*, S. 966.

119 *Der Held*, Zweite Meisterschaft.

120 Berlin 2020.

121 René Girard, *Der Sündenbock.*

122 Albert Camus, *Der Mythos des Sisyphos*, Hamburg 1959.

123 Plutarch, a. a. O., Alexander 5.

124 *Der Held*, Zehnte Meisterschaft.

125 Luis de Molina, *Göttlicher Plan und menschliche Freiheit.*

126 Niccoló Machiavelli, *Il Principe. Der Fürst*; Baldesar Castiglione, *Das Buch vom Hofmann*.
127 *Der Held*, Zwanzigste Meisterschaft.
128 Ebenda, Elfte Meisterschaft.

Bibliographie zu »Der Held« von Baltasar Gracián

Aristoteles, *Ethica Nicomachea*, Oxford 1970.

Böhringer, Hannes, *Auf dem Rücken Amerikas*, Berlin 1998.

Böhringer, Hannes, »Barocke Gegenwart«, in: Merkur 789 (2015), S. 87–91.

Burckhardt, Jacob, *Weltgeschichtliche Betrachtungen*, München 1970.

Camus, Albert, *Der Mythos des Sisyphos*, Hamburg 1959.

Castiglione, Baldesar, *Das Buch vom Hofmann*, München 1986.

Cercas, Javier, *Soldados de Salamina*, Stuttgart 2009.

Gibert, Javier Garcia, *Baltasar Gracián*, Madrid 2002.

Girard, René, *Der Sündenbock*, Zürich 1988.

Gracián, Baltasar, *Das Kritikon*, übersetzt von Hartmut Köhler, Zürich 2001.

Gracián, Baltasar, *Der kluge Weltmann*, übersetzt von Sebastian Neumeister, Frankfurt a. M. 1996.

Gracián, Baltasar, *Handorakel und Kunst der Weltklugheit*, übersetzt von Hans Ulrich Gumbrecht, Stuttgart 2020.

Hegel, Georg Wilhelm Friedrich, *Vorlesungen über die Philosophie der Geschichte* (Werke in zwanzig Bänden, Bd. 12), Frankfurt a. M. 1970.

Hinz, Manfred, *Die menschlichen und göttlichen Mittel. Sieben Kommentare zu Baltasar Gracián*, Bonn 2002.

Jansen, Hellmut, *Die Grundbegriffe des Baltasar Gracián*, Genf und Paris 1958.

Klymenko, Iryna, »Verschiebungen in der frühen Neuzeit: Niccoló Machiavelli und Baltasar Gracián«, in: dies., *Semantiken des Wandels*, Bielefeld 2017, S. 97–152.

Krauss, Werner, *Graciáns Lebenslehre*, Frankfurt a. M. 1947.

Jankélévitch, Vladimir, *Das Ich-weiß-nicht-was und das Beinahe-Nichts*, Wien 2009.

Klugheitslehre: militia contra malicia, hg. von Schloß Solitude, Berlin 1995.

Machiavelli, Niccoló, *Il Principe. Der Fürst*, Stuttgart 1986.

Mainberger, Sabine, *Lässig – subtil – lakonisch. Zur Ästhetik der Grazie*, in: Arcadia 47 (2012), S. 251–271.

Melville, Herman, *Billy Budd und andere Geschichten*, Hamburg 1957.

De Molina, Luis, *Göttlicher Plan und menschliche Freiheit*, Hamburg 2018.

Pelegrin, Benito, *Ethique et Esthétique du Baroque. L'espace jésuistique de Baltasar Gracián*, Arles 1985.

Plutarch, *Von großen Griechen und Römern. Doppelbiographien*, München 1991.

Schulz-Buschhaus, Ulrich, »Über die Verstellung und die ersten ›Primores‹ des Héroe von Gracián«, in: Romanische Forschungen 91 (1979), S. 411–430.

Weber, Anne, *Annette. Ein Heldinnenepos*, Berlin 2020.

Werle, Peter, *El Héroe. Zur Ethik des Baltasar Gracián*, Tübingen 1992.

Zarka, Yves Charles, »Héros et antihéros. Baltasar Gracián et la naissance de la théorie moderne de individu«, in: ders., *La Pensée politique*, Bd. 1, Paris 1993, S. 260–275.

Baltasar Gracián (1601–1658) tritt mit achtzehn Jahren in den Jesuitenorden ein. Ab 1636 gehört er zum Freundeskreis des Juan de Lastanosa in Huesca. Hier entstehen *El Héroe* (erste Ausgabe 1637, zweite Ausgabe 1639) und *El Politico Don Fernando el Católico* (1640). Beide Werke erscheinen unter dem Pseudonym seines Bruders Lorenzo. Ordensämter führen Gracián nach Gandía, Taragona, Valencia und Zaragoza. Als Beichtvater des Herzogs von Nochera lernt er 1640 den Hof zu Madrid kennen und hat dort Zulauf als Prediger. 1646 erscheint *El Discreto.* Im gleichen Jahr ist er Feldprediger in Lérida. 1647 gibt Lastanosa Graciáns *Oráculo manual y arte de prudencia* heraus. 1648 folgt die erweiterte Ausgabe von *Agudeza y arte de ingenio*, Graciáns Poetik. Von 1651 bis 1657 veröffentlicht Gracián in drei Teilen und ohne Ordenserlaubnis den allegorischen Roman *El Criticón.* Er verliert seine Professur, versöhnt sich jedoch wieder mit seinem Orden und stirbt am 6. Dezember 1658 in Tarazona.

1675 übersetzt Daniel Casper von Lohenstein *El Politico* (*Lorentz Gratians Staatskluger Catholischer Ferdinand*). Im Wintersemester 1687/88 hält Christian Thomasius an der Universität Frankfurt/Oder in deutscher Sprache ein Kolleg »über des Gratian Grund-Reguln, vernünftig, klug und artig zu leben« auf der Grundlage der französischen Übersetzung des Handorakels. 1831 flieht Arthur Schopenhauer vor der Cholera, die auch Hegel hingerafft hat, aus Berlin nach Frankfurt a. M. und übersetzt dort das *Oráculo manual.* 1943 schreibt der zum Tode verurteilte Romanist Werner Krauss im Zuchthaus Berlin-Plötzensee das immer noch beste Buch über Gracián, *Graciáns Lebenslehre.* 1980 erscheint *El Héroe* in der alten Übersetzung von Courbeville im Verlag der Situationisten.

Das von Schopenhauer übersetzte *Handorakel* ist in mehreren Ausgaben erhältlich. Gerade erst erschien in der Übersetzung von Sebastian Neumeister *Der kluge Weltmann (El Discreto)*, Frankfurt a. M. 1996. Leider längst vergriffen ist der von Hanns Studniczka hervorragend, aber nicht vollständig übersetzte *Criticón oder Über die allgemeinen Laster des Menschen* (Hamburg 1957).

Die deutsche Übersetzung von *El Héroe* stützt sich auf zwei spanische Ausgaben: Baltasar Gracián, *El Héroe/El Discreto/Oráculo manual y arte de prudencia*, hg. v. Luys Santa Marina, Barcelona 1984, und Baltasar Gracián, *El Héroe, El Politico, El Discreto, Oráculo manual y arte de prudencia*, hg. v. Arturo del Hoyo, Barcelona 1986. – Für wertvolle Hilfen danken die Übersetzer Karlheinz Barck, für Fehler stehen sie selbst gerade.

Die vorliegende Übersetzung erschien erstmals 1996
bei Merve, Berlin.

Erste Auflage Berlin 2024
Copyright der deutschen Ausgabe 2024
© MSB Matthes & Seitz Berlin Verlagsgesellschaft mbH
Großbeerenstraße 57A | 10965 Berlin
info@matthes-seitz-berlin.de

Alle Rechte vorbehalten, insbesondere die Nutzung
des Werkes für Text und Data Mining im Sinne
von § 44b UrhG.

Layout und Satz: psb, Berlin
Druck und Bindung: Art-Druk, Szczecin
Umschlaggestaltung nach einer Idee von Pierre Faucheux
ISBN 978-3-7518-0547-6
www.matthes-seitz-berlin.de

Élisée Reclus

Staat, Fortschritt, Anarchie

Politische Schriften

Aus dem Französischen von Rainer G. Schmidt

173 Seiten, Klappenbroschur

Im Leben wie im Denken so radikal wie kaum ein zweiter, sind Élisée Reclus' politische, anthropologische und ökologische Schriften aktueller denn je. Nach der Freiheit des Menschen strebend, lehnt er alle Autoritäten außer derjenigen der Vernunft ab und wusste schon vor 150 Jahren, dass die Menschheit auf Gedeih und Verderb ein Ganzes mit dem Planeten bildet. Mitten in der Entstehungsphase der Moderne sieht er ihre ökologische Krise voraus und regt zur Erfindung neuer solidarischer Beziehungsformen an, die über die Menschen hinaus auch die Tiere und Pflanzen einschließen. Während Reclus dabei die ökologischen und sozialen Verheerungen seiner Gegenwart anprangert, feiert er im gleichen Atemzug und allen Widerständen zum Trotz die Fortschritte der Freiheit und die Entstehung neuer Lebens- und Sozialmodelle. Für ihn ist jede Generation die »Letzte Generation«, die aber immer auch die erste einer erlösten Erde sein kann: »Menschen des Wunsches«, wie er sie nannte, Menschen, die daran arbeiten, das Ideal einer anderen Welt und einer anderen Erde zu verwirklichen.

Fröhliche Wissenschaft

François Flahault

Das Robinson-Paradox

Kapitalismus und Gesellschaft

Aus dem Französischen von Gerhard Willert

172 Seiten, Klappenbroschur

Nach westlicher Überzeugung geht das Individuum der Gemeinschaft voraus und nutzt letztere lediglich zum eigenen Vorteil, um jene Güter produzieren zu können, die es benötigt – woraus dann eine progressive Ökonomie entsteht. Die Geschichte des Robinson Crusoe veranschaulicht diese Sichtweise perfekt: Als er allein auf einer einsamen Insel strandete, baute er aus eigener Kraft mit den vorhandenen Ressourcen eine neue Zivilisation auf, errichtete Gebäude und hielt sich Nutztiere. Zugleich zeigt sich darin aber auch der tote Winkel des westlichen Denkens, ist Robinson doch (nicht nur) als Romanfigur das Produkt einer organisierten Gesellschaft, ohne die er nicht existieren würde. Dieses Paradox nutzt François Flahault für den Schluss, dass das Individuum aus der Gesellschaft hervorgeht, dass »Gesellschaft« die primäre »Natur« des Menschen bildet und dass es folglich an der Zeit ist, auch die Rolle der Ökonomie in der Gesellschaft neu zu denken. In dieser deskriptiven Analyse ergründet er die Ursprünge des modernen Individuums, stellt sich der Frage nach Genese und Existenz von »Kultur« und »Natur« für die Gesellschaft, übt Kritik an Marx' Verständnis von Gemeinschaft und begründet die Erkenntnis, ein neues soziales Denken sei mehr als überfällig.

Fröhliche Wissenschaft

Weiming Tu

Menschsein lernen

Entwurf eines Humanismus im konfuzianischen Geist

Herausgegeben und übersetzt von Kai Marchal

155 Seiten, Klappenbroschur

Tu Weiming zählt zu den renommiertesten chinesischen Philosophen. Sein 2018 auf dem Weltkongress für Philosophie gehaltener Vortrag über einen neuen Humanismus, *Menschsein lernen* ist die Krönung seines lebenslangen Bemühens, den Konfuzianismus in einen Dialog mit den spirituellen Traditionen der Welt zu bringen und die Herausforderungen zu durchdenken, denen sich das 21. Jahrhundert stellen muss. Tu strebt danach, menschliche Subjektivität im Lichte der konfuzianischen Tradition neu zu bestimmen. Auf dieser Grundlage entwirft er die Vision eines allumfassenden, dicht geknüpften Lebensnetzes, das über die vier sich in einer ständigen Kreisbewegung aufeinander beziehenden Aspekte »Selbst«, »Gemeinschaft«, »Erde« und »Himmel« auch eine ethische Perspektive eröffnet. Tus »geistiger Humanismus« soll dabei helfen, Egoismus, Ethnozentrismus, Nationalismus, aber auch Anthropozentrismus zu überwinden, denn der konfuzianische Übungsweg will den Menschen befähigen, »ein würdiges Gegenüber im kosmischen Prozess zu werden«. Wer sich mit gegenwärtigem Denken beschäftigen möchte, in globaler Perspektive und jenseits altbekannter europäischer Geisteswelten, kommt an Tu Weiming nicht vorbei.

Fröhliche Wissenschaft

Kai Marchal, Michael Hampe
Weisheit
Neun Versuche
229 Seiten, Klappenbroschur

»Weisheit« ist ein Begriff, mit dem die westliche Philosophie heute wenig anfangen kann, und doch waren es die Gründerväter auch der westlichen Philosophie, allen voran Sokrates, die sich mit der »Weisheit« beschäftigt haben. Immer geht es ihnen darum, das Leben zu ändern und dem Getriebe unserer Welt, die wir heute als kapitalistisch bezeichnen, zu entkommen. Michael Hampe und Kai Marchal unternehmen nun zusammen mit anderen Wissenschaftler:innen und Poet:innen den höchst anregenden und durchaus vergnüglichen Versuch, Konzepte von Weisheit – seien sie theoretisch, narrativ, poetisch, kontemplativ oder meditativ – näher zu bestimmen und zu vermitteln, in der Überzeugung, dass die allgemeine und sich stetig vertiefende Kenntnis der Lebenslehren unterschiedlicher Kulturkreise nicht nur akademisch eine dringende Aufgabe darstellt, sondern auch für ein mögliches, globalisiertes, friedliches, gedeihliches und auf Dauer fortsetzbares Alltagsleben von Bedeutung ist.
Mit Beiträgen von Michael Krüger, Gert Scobel, Daniel Strassberg, Christian Unverzagt, Kai Marchal, Michael Hampe, Elisa Duca und Andreas Walther.

Fröhliche Wissenschaft

Eric Voegelin
Unsterblichkeit
Aus dem Englischen von Dora Fischer-Barnicol
109 Seiten, Klappenbroschur

Im Zentrum dieses »bemerkenswerten Essays« (Jan Assmann) steht die Erhellung der ursprünglichen Bedeutung des Symbols Unsterblichkeit in der erfahrbaren Wirklichkeit. Voegelin führt darin die »Unsterblichkeitssymbolik bis zu ihrem Ursprung in der Erfahrung« zurück, um zu zeigen, »dass das Leben mehr ist als nur sterbliches Leben«. Wie sein gesamtes philosophisches Werk ist auch dieser Text eine Reaktion auf die von ihm empfundene geistige Krise der westlichen Welt. Voegelin deutet darin die Prozesse, die die westliche Zivilisation in ihre geistige Krise geführt haben. Er skizziert sie als Sequenzen historisch aufeinanderfolgender Phasen des Niedergangs lebender existenzieller Spannung und interpretiert den gegen dieses Surrogat ausgelösten Aufstand der aufklärerischen Denker, die den Blick auf die Realität noch mehr verstellten als das weiter bestehende doktrinäre Christentum, und schließlich die radikale Revolte gegen alle Spielarten von Doktrinen und die Rückkehr zur Realität des Lebens in existenzieller Spannung.

Fröhliche Wissenschaft

Manshi Kiyozawa

Skelett einer Religionsphilosophie

Übersetzt von Dora Fischer-Barnicol

224 Seiten, Klappenbroschur

Manshi Kiyozawa, einer der wichtigsten Vertreter des modernen japanischen Buddhismus und Wegbereiter der modernen japanischen Religionsphilosophie, bemühte sich, den Buddhismus in Japan aus den Verkrustungen der Tradition zu befreien und plädierte für die Rückkehr zu den buddhistischen Quellen. Im Mittelpunkt seiner Überlegungen steht »das religiöse Experiment mit sich selbst«. Kurz vor seinem frühen Tod wurde er der erste Präsident der neugegründeten Shinshū-Universität (heute Ōtani University). Seinen Reformbemühungen war zu Lebzeiten kein Erfolg beschieden. Der Einfluss seines Denkens ist in Japan jedoch ungebrochen und kommt nun auch der im Westen immer noch ausstehenden Auseinandersetzung mit dem religiösen Denken Japans zugute.

Fröhliche Wissenschaft